Impressum
Verlag: BABADADA GmbH, Nedderfeld 112 , 22529 Hamburg
Geschäftsführer / Verlagsleitung: Harald Hof
Druck: Books on Demand GmbH, In de Tarpen 42, 22848 Norderstedt

Imprint
Publisher: BABADADA GmbH, Nedderfeld 112 , 22529 Hamburg, Germany
Managing Director / Publishing direction: Harald Hof
Print: Books on Demand GmbH, In de Tarpen 42, 22848 Norderstedt

d Schuel

école

s Klassezimmer
salle de classe

dividiere
diviser

186/2

d Taflä
tableau noir

dr Pauseplatz
cour (de récréation)

dr Lehrer
professeur

s Papier
papier

schribe
écrire

dr Stift
stylo

dr Schribtisch
bureau

s Lineal
règle

s Buech
livre

d Schüeler
élève

dr Thek

cartable

s Etui

trousse

dr Bleistift

crayon

dr Spitzer

taille-crayon

s Radiergummi

gomme

dr Zeicheblock

carnet à dessin

d Zeichnig

dessin

dr Pinsel

pinceau

dr Malchaschte

boîte de peinture

d Schär

ciseaux

dr Liim

colle

s Üebigsheft

cahier d'exercices

d Huusufgabe

devoirs

d Zahl

chiffre

2+2

addiere

additionner

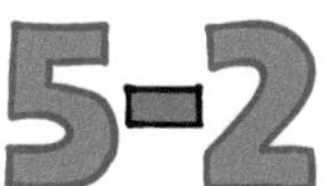

subtrahiere

soustraire

multipliziere

multiplier

rächne

calculer

dr Buechstabe

lettre

ABCDEFG
HIJKLMN
OPQRSTU
VWXYZ

s Alphabet

alphabet

s Wort

mot

dr Text

texte

läse

lire

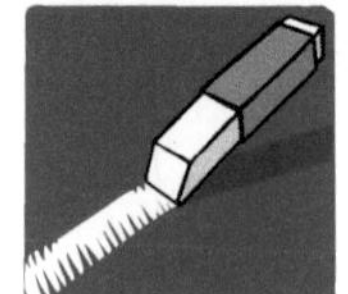

d Kriide

craie

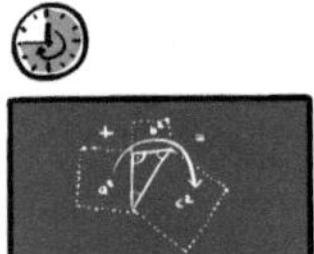

d Lektion

leçon

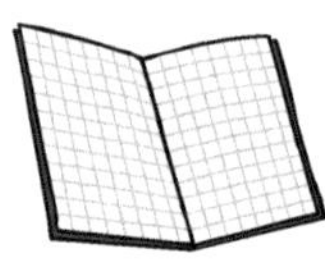

s Klassäbuech

livre de classe

d Prüefig

examen

s Zügnis

certificat

d Schueluniform

uniforme scolaire

d Usbildig

formation

d Enzyklopädie

lexique

d Universität

université

s Mikroskop

microscope

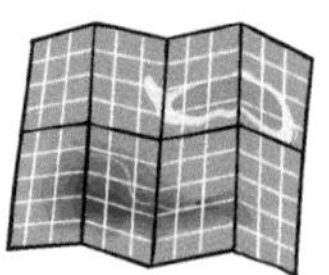

d Charte

carte

dr Papierchorb

corbeille à papier

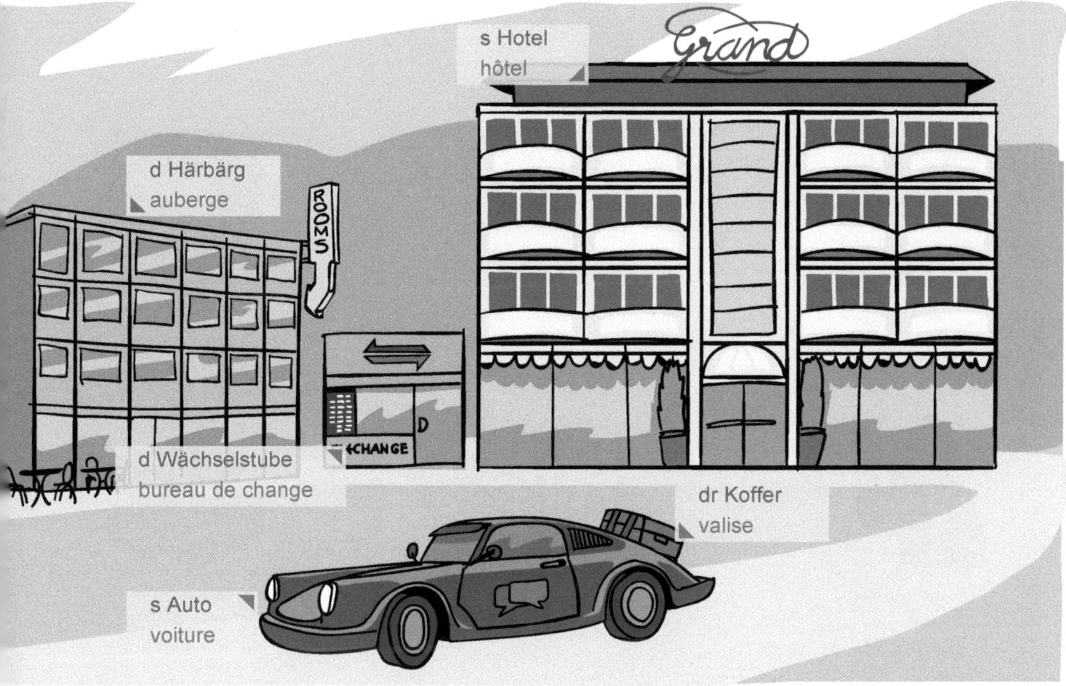

d Reis
voyage

s Hotel
hôtel

d Härbärg
auberge

d Wächselstube
bureau de change

dr Koffer
valise

s Auto
voiture

d Sprach

langue

jo / nei

oui / non

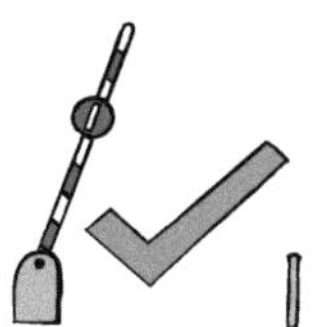

okay

d'accord

Hallo

Salut

dr Dolmetscher

interprète

Dankä

merci

Was chostet...?

Combien coûte...?

Ich vrstahs nöd

Je ne comprends pas

s Problem

problème

Guete Abig!

Bonsoir !

guete Morgä!

Bonjour !

guete Abig!

Bonne nuit !

Uf Wiederseh

Au revoir

d Richtig

direction

s Bagaasch

bagages

d Täsche

sac

dr Rucksack

sac-à-dos

dr Gast

hôte

dr Ruum

pièce

dr Schlafsack

sac de couchage

s Zält

tente

d Touristeninformation

office de tourisme

dr Strand

plage

d Kreditkarte

carte de crédit

s Zmorge

petit-déjeuner

s Zmittag

déjeuner

s Znacht

dîner

s Billet

billet

dr Ufzug

ascenseur

d Briefmarke

timbre

d Gränze

frontière

dr Zoll

douane

d Botschaft

ambassade

s Visum

visa

dr Pass

passeport

dr Transport
transport

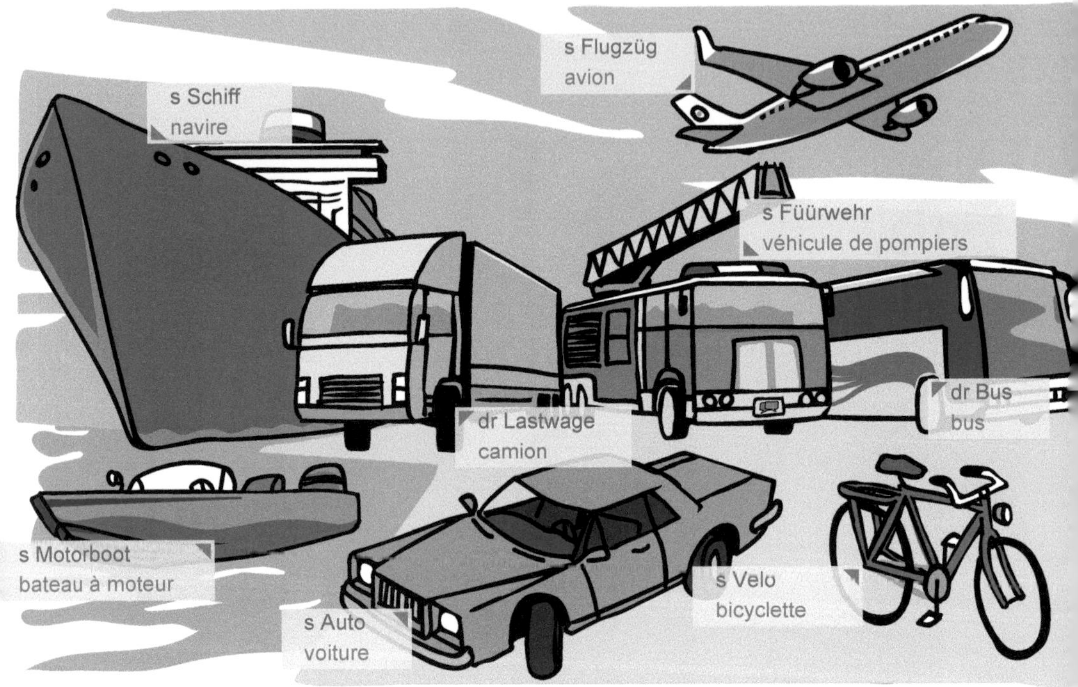

s Flugzüg
avion

s Schiff
navire

s Füürwehr
véhicule de pompiers

dr Bus
bus

dr Lastwage
camion

s Motorboot
bateau à moteur

s Velo
bicyclette

s Auto
voiture

d Fähri

ferry

s Boot

barque

s Töff

moto

s Polizeiauto

voiture de police

s Rännauto

voiture de course

dr Mietwage

voiture de location

s Carsharing
auto-partage

dr Abschleppwage
voiture de remorquage

dr Chübelwage
benne à ordures

dr Motor
moteur

s Benzin
essence

d Tankstell
station d'essence

s Verkehrsschild
panneau indicateur

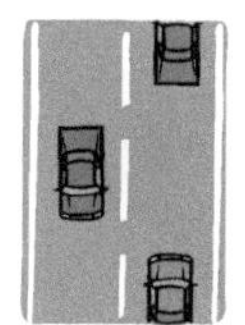

dr Verchehr
trafic

dr Stau
embouteillage

dr Parkplatz
parking

dr Bahnhof
gare

d Schiene
rails

dr Zug
train

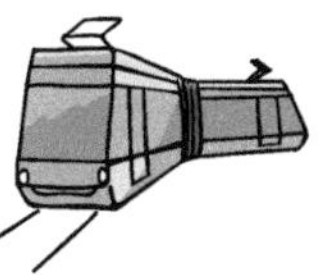

d Strassebahn
tramway

dr Wagon
wagon

dr Helikopter

hélicoptère

dr Flughafe

aéroport

dr Tower

tour

dr Passagier

passager

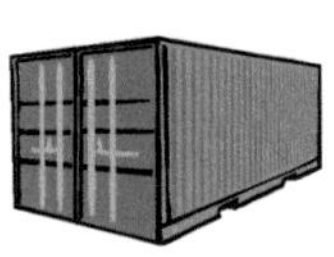

dr Container

conteneur

dr Karton

carton

dr Chare

chariot

dr Korb

corbeille

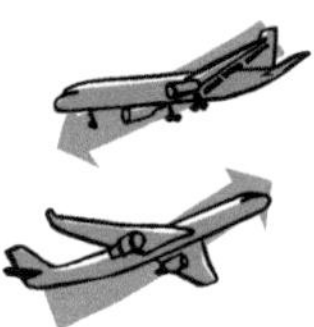

starte / lande

décoller / atterrir

d Stadt
ville

s Dorf

village

s Stadtzentrum

centre-ville

s Huus

maison

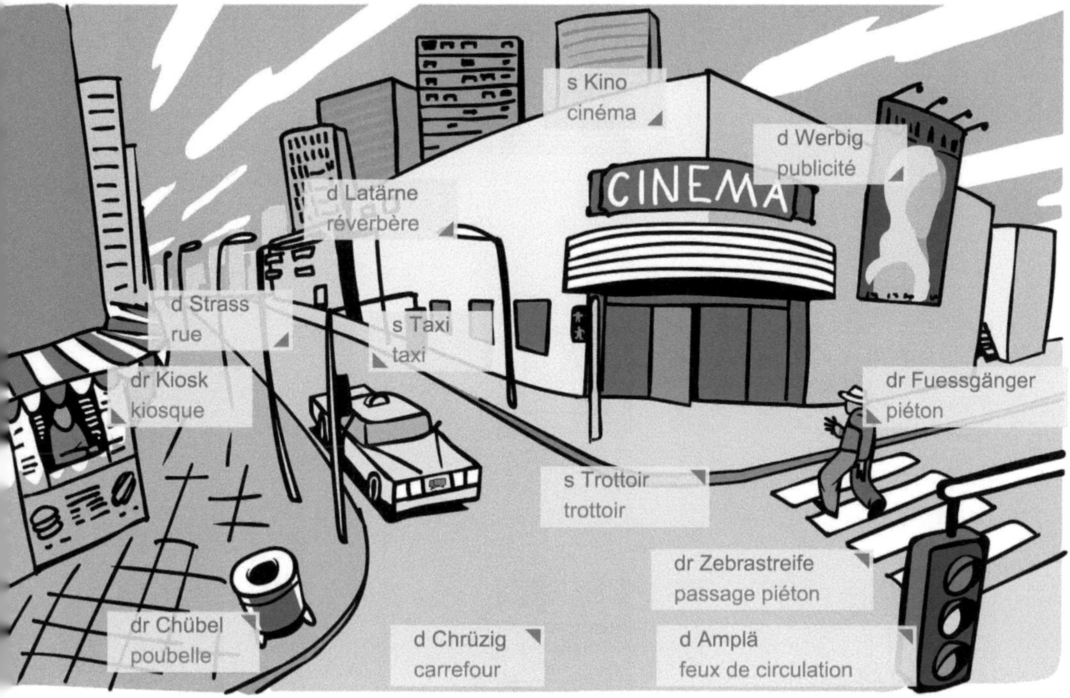

s Kino
cinéma

d Werbig
publicité

d Latärne
réverbère

d Strass
rue

s Taxi
taxi

dr Kiosk
kiosque

dr Fuessgänger
piéton

s Trottoir
trottoir

dr Zebrastreife
passage piéton

dr Chübel
poubelle

d Chrüzig
carrefour

d Amplä
feux de circulation

d Hütte

cabane

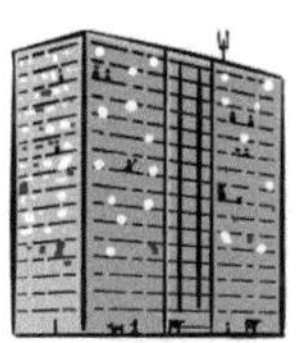

d Wohnig

appartement

dr Bahnhof

gare

s Gmeindshuus

mairie

s Museum

musée

d Schuel

école

d Universität

université

d Bank

banque

s Spital

hôpital

s Hotel

hôtel

d Apotheke

pharmacie

s Büro

bureau

s Buechgschäft

librairie

s Gschäft

magasin

dr Bluemelade

fleuriste

dr Läbensmittellade

supermarché

dr Märt

marché

s Chaufhuus

grand magasin

dr Fischhändler

poissonnerie

s Iihkaufszentrum

centre commercial

dr Hafe

port

dr Park

parc

d Bank

banque

d Brugg

pont

d Stäge

escaliers

d U-Bahn

métro

dr Tunnell

tunnel

d Bushaltestell

arrêt de bus

d Bar

bar

s Restaurant

restaurant

dr Briefchastä

boîte à lettres

s Strasseschild

panneau indicateur

d Parkuhr

parcmètre

dr Zolli

zoo

d Badi

piscine

d Moschee

mosquée

dr Buurehof

ferme

d Umwältvrschmutzig

pollution

dr Fridhof

cimetière

d Chile

église

dr Spielplatz

aire de jeux

dr Tämpel

temple

d Landschaft

paysage

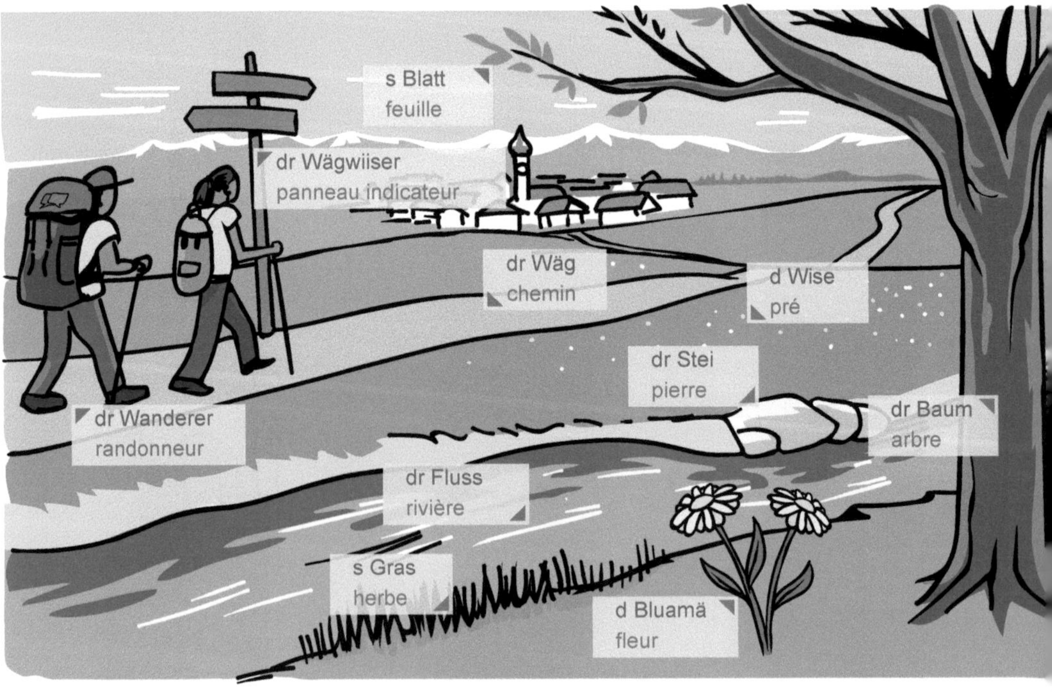

s Blatt
feuille

dr Wägwiiser
panneau indicateur

dr Wäg
chemin

d Wise
pré

dr Stei
pierre

dr Wanderer
randonneur

dr Baum
arbre

dr Fluss
rivière

s Gras
herbe

d Bluamä
fleur

s Tal

vallée

dr Bärg

montagne

dr See

lac

dr Wald

forêt

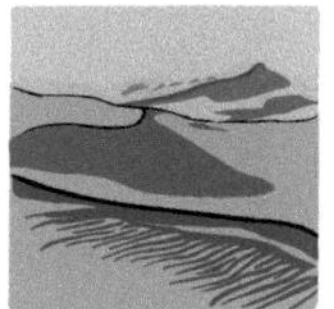

d Wüeschti

désert

dr Vulkan

volcan

s Schloss

château

dr Rägeboge

arc-en-ciel

dr Pilz

champignon

d Palme

palmier

dr Moskito

moustique

d Fliege

mouche

d Ameise

fourmis

s Biendli

abeille

d Spinne

araignée

dr Chäfer

coléoptère

dr Frosch

grenouille

s Eichhörnli

écureuil

dr Igel

hérisson

dr Haas

lièvre

d Üle

chouette

d Vogu

oiseau

dr Schwan

cygne

s Wildschwein

sanglier

dr Hirsch

cerf

dr Elch

élan

dr Damm

barrage

d Windturbine

éolienne

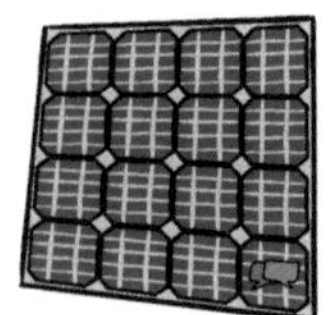

dr Sunnekollektor

panneau solaire

s Klima

climat

s Restaurant

restaurant

dr Chällner
serveur

d Spiischartä
menu

dr Stuehl
chaise

d Suppä
soupe

d Pizza
pizza

s Bsteck
couverts

d Tischdecki
nappe

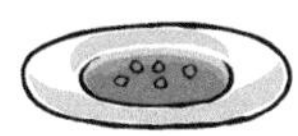

d Vorspiies

hors d'œuvre

s Hauptgricht

plat principal

s Dessert

dessert

s Getränk

boissons

d Läbensmittel

alimentation

d Fläsche

bouteille

s Fast Food

fast-food

s Street Food

plats à emporter

d Teechanne

théière

d Zuckerdosä

sucrier

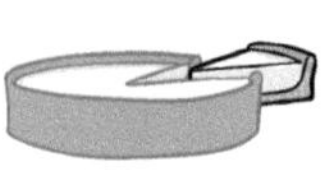

d Portion

portion

d Espressomaschine

machine à expresso

dr Hochstuehl

chaise haute

d Rächnig

facture

s Tablett

plateau

s Mässer

couteau

d Gable

fourchette

dr Löffel

cuillère

dr Teelöffel

cuillère à thé

d Serviette

serviette

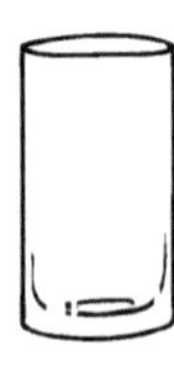

s Glas

verre

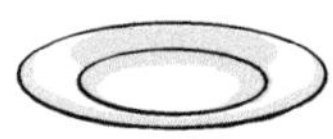

dr Täller

assiette

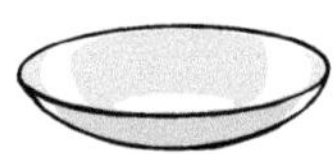

dr Suppetällär

assiette à soupe

d Untertasse

soucoupe

d Sose

sauce

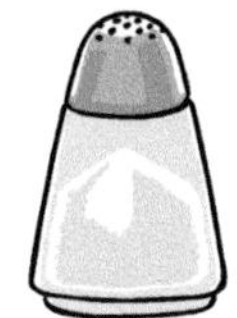

dr Salzstreuer

salière

d Pfäffermühli

moulin à poivre

dr Essig

vinaigre

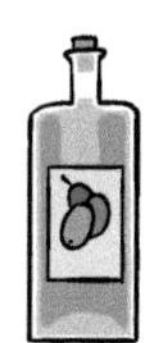

s Öl

huile

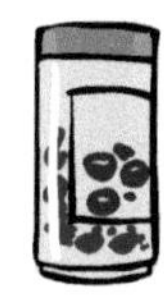

d Gwürz

épices

ds Ketchup

ketchup

dr Sänf

moutarde

d Mayonnaise

mayonnaise

dr Läbensmittellade
supermarché

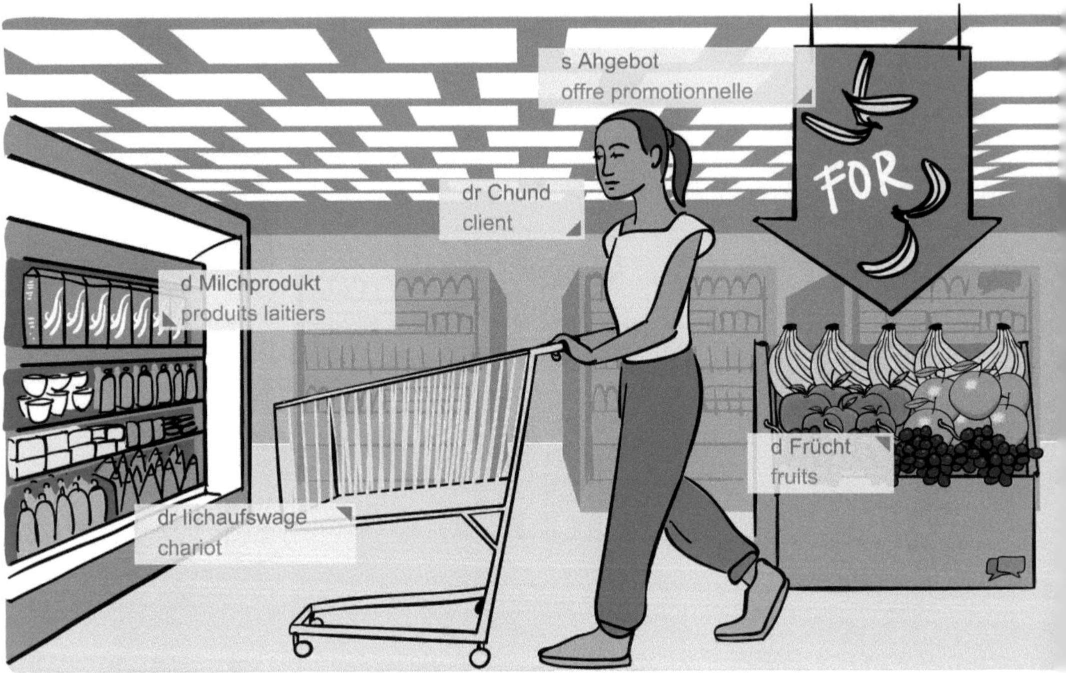

s Ahgebot
offre promotionnelle
FOR
dr Chund
client
d Milchprodukt
produits laitiers
d Frücht
fruits
dr Iichaufswage
chariot

BUTCHERS

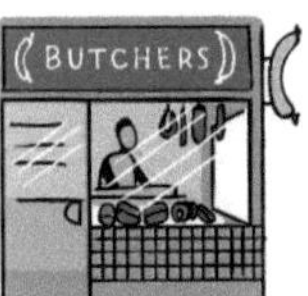

dr Schlachter

boucherie

BAKERY

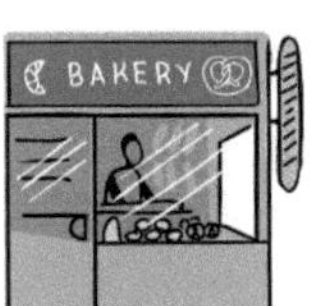

dr Beck

boulangerie

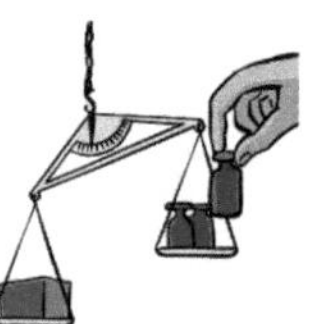

wiege

peser

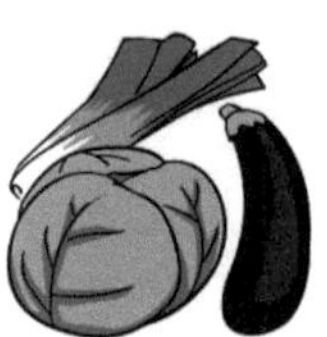

s Gmües

légumes

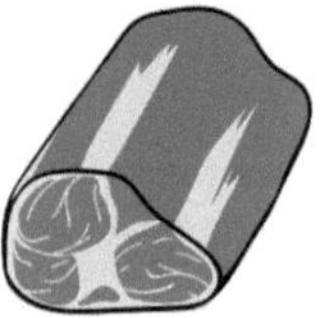

s Fleisch

viande

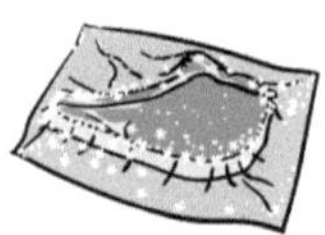

d Tiefkühlprodukt

aliments surgelés

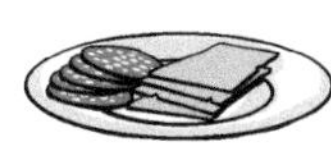

dr Ufschnitt

charcuterie

d Konsärve

conserves

s Wöschmittel

poudre à lessive

d Süessigkeite

bonbons

d Huushaltartikel

articles ménagers

s Putzmittel

détergents

d Verchäuferin

vendeuse

d Kassä

caisse

dr Kassierer

caissier

d Ihchaufsliste

liste d'achats

d Öffnigszite

heures d'ouverture

s Portemonnaie

portefeuille

d Kreditkarte

carte de crédit

d Täsche

sac

dr Plastiksack

sac en plastique

s Getränk

boissons

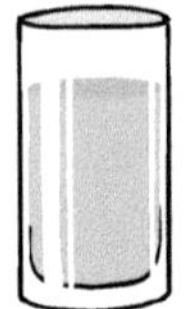

s Wasser

eau

dr Saft

jus de fruit

d Milch

lait

d Cola

coca

dr Wii

vin

s Bier

bière

dr Alkohol

alcool

s Ovi

chocolat chaud

dr Tee

thé

dr Kafi

café

dr Espresso

expresso

dr Cappuccino

cappuccino

d Läbensmittel
alimentation

d Banane

banane

dr Öpfel

pomme

d Orange

orange

d Melone

melon

d Zitrone

citron

s Rüebli

carotte

dr chnoobli

ail

dr Bambus

bambou

d Zwiblä

oignon

dr Pilz

champignon

d Nüss

noisettes

d Nudle

pâtes

d Spaghetti

spaghetti

dr Riis

riz

dr Salat

salade

d Pommfrit

pommes frites

d Bratherdöpfel

pommes de terre rôties

d Pizza

pizza

dr Hamburgär

hamburger

s Sandwich

sandwich

s Gotlett

escalope

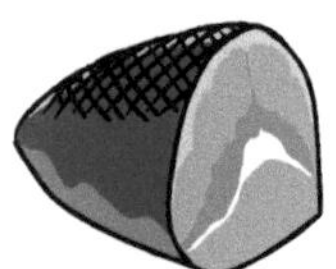

dr Schinkä

jambon

d Salami

salami

s Würschtli

saucisse

s Huehn

poulet

dr Bratä

rôti

dr Fisch

poisson

d Haferflocke

flocons d'avoine

s Müesli

muesli

d Cornflakes

cornflakes

s Mähl

farine

s Gipfeli

croissant

s Brötli

petits-pains

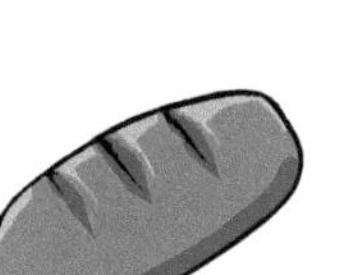

s Brot

pain

dr Toscht

pain grillé

s Guetzli

biscuits

d Butter

beurre

dr Quark

le fromage blanc

dr Chueche

gâteau

s Ei

œuf

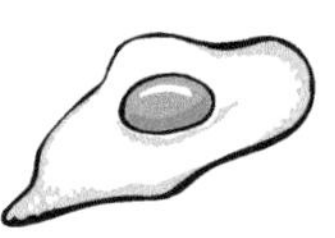

s Spiegelei

œuf au plat

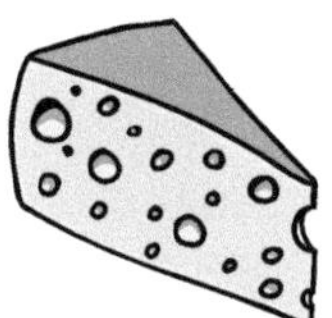

dr Chäs

fromage

d Glace

glace

dr Zucker

sucre

dr Honig

miel

d Gonfi

confiture

d Nougat-Creme

crème nougat

s Curry

curry

dr Buurehof
ferme

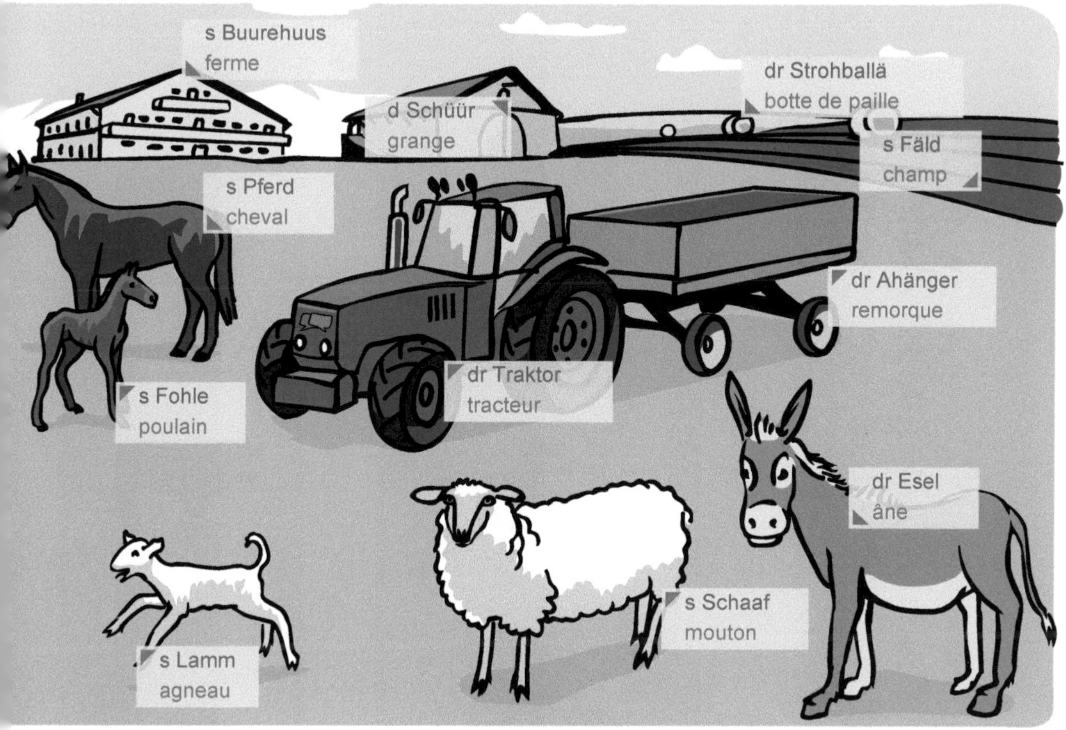

s Buurehuus
ferme

d Schüür
grange

dr Strohballä
botte de paille

s Fäld
champ

s Pferd
cheval

dr Ahänger
remorque

s Fohle
poulain

dr Traktor
tracteur

dr Esel
âne

s Schaaf
mouton

s Lamm
agneau

d Geiss
chèvre

d Chueh
vache

s Chalb
veau

d Sau
porc

s Ferkel
porcelet

s Rind
taureau

d Gans

oie

d Änte

canard

s Küke

poussin

s Huähn

poule

dr Güggel

coq

d Ratte

rat

d Chatz

chat

d Muus

souris

dr Ochse

bœuf

dr Hund

chien

d Hundehütte

chenil

dr Garteschluuch

tuyau de jardin

d Giesschanne

arrosoir

d Sägese

faucheuse

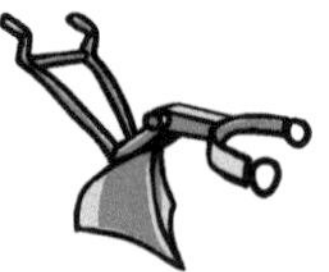

dr Pflueg

charrue

d Sichel

faucille

d Hacke

pioche

d Heugable

fourche

d Axt

hache

d Garette

brouette

dr Trog

cuve

d Milchchanne

pot à lait

dr Sack

sac

dr Haag

clôture

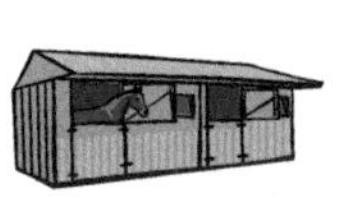

dr Gadä

étable

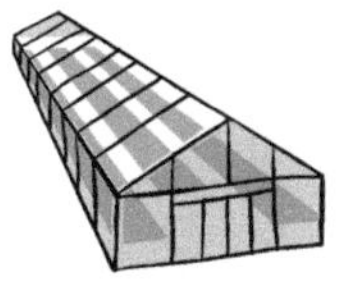

s Gwächshuus

serre

dr Bode

sol

dr Soome

semences

dr Dünger

engrais

dr Mähdrescher

moissonneuse-batteuse

ärnte

....

récolter

d Ärnte

....

récolte

d Yamswurzle

....

igname

dr Weize

....

blé

s Soja

....

soja

dr Härdöpfel

....

pomme de terre

dr Mais

....

maïs

dr Raps

....

colza

dr Obstbaum

....

arbre fruitier

dr Maniok

....

manioc

s Getreide

....

céréales

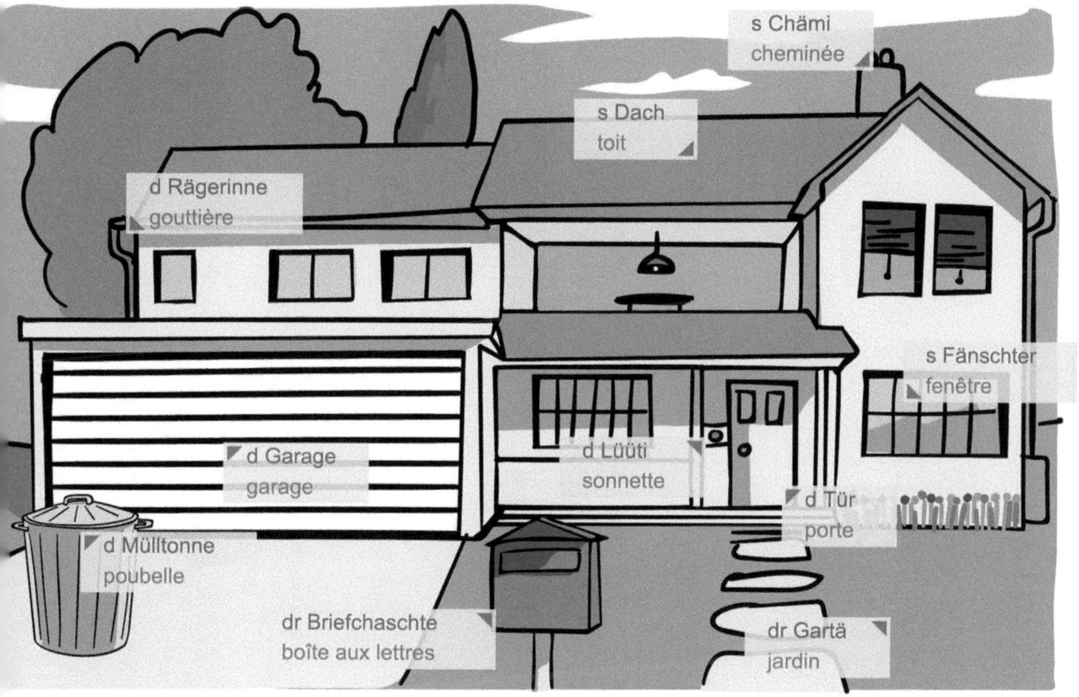

s Huus
maison

s Chämi
cheminée

s Dach
toit

d Rägerinne
gouttière

s Fänschter
fenêtre

d Garage
garage

d Lüüti
sonnette

d Tür
porte

d Mülltonne
poubelle

dr Briefchaschte
boîte aux lettres

dr Gartä
jardin

s Stubä

salon

s Badzimmer

salle de bain

d Chuchi

cuisine

s Schlofzimmer

chambre à coucher

s Chinderzimmer

chambre d'enfant

s Ässzimmer

salle à manger

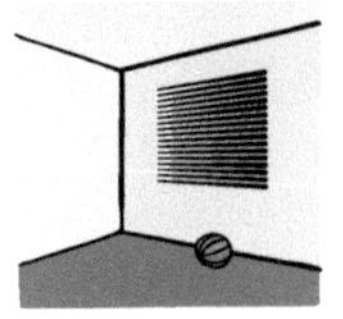

dr Bodä

sol

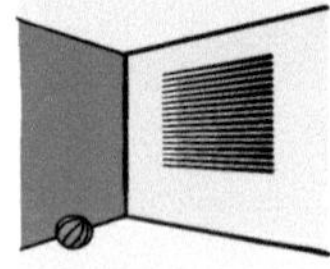

d Wand

mur

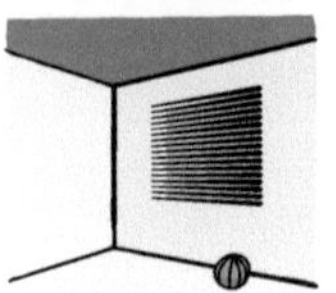

d Decki

plafond

dr Chäller

cave

d Sauna

sauna

dr Balkon

balcon

d Terasse

terrasse

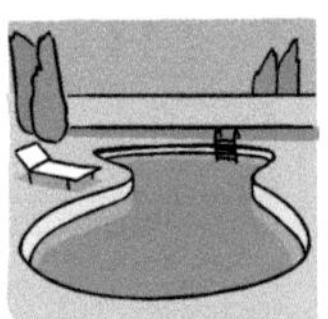

s Pool

piscine

dr Rasemäier

tondeuse à gazon

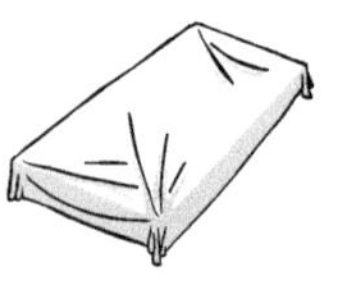

dr Bettbezug

housse

d Bettdecki

couette

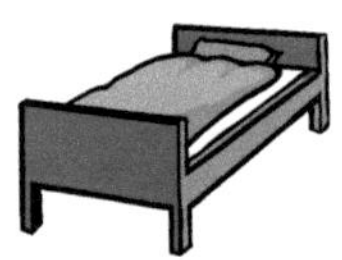

s Bett

lit

dr Bäse

balai

dr Chübel

sceau

dr Schalter

interrupteur

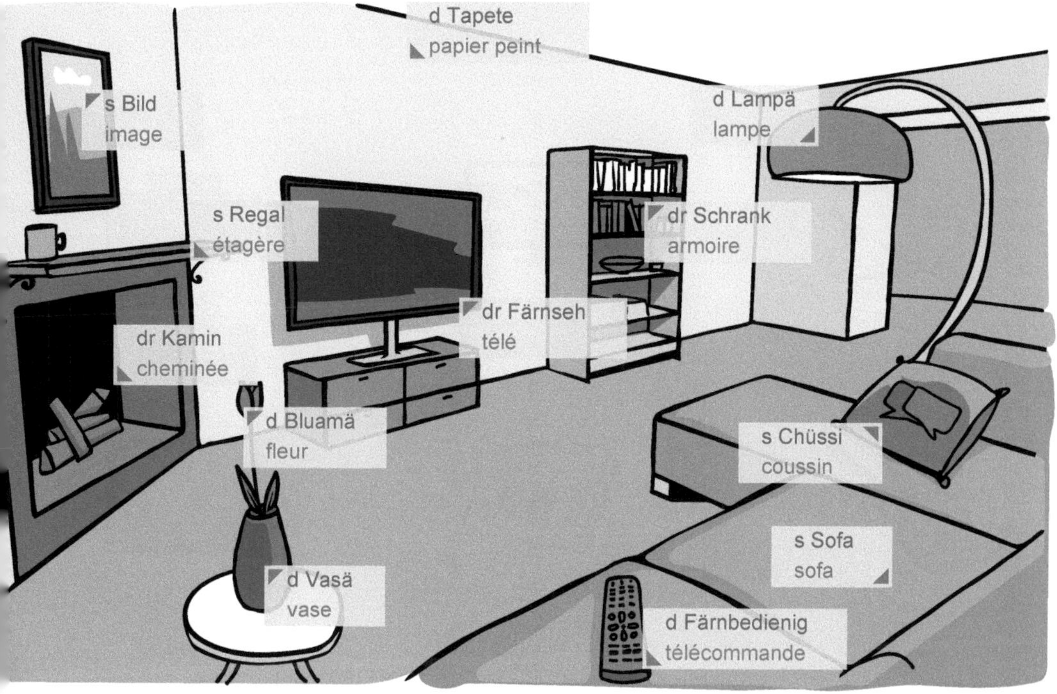

s Stubä
salon

d Tapete
papier peint

s Bild
image

d Lampä
lampe

s Regal
étagère

dr Schrank
armoire

dr Färnseh
télé

dr Kamin
cheminée

d Bluamä
fleur

s Chüssi
coussin

s Sofa
sofa

d Vasä
vase

d Färnbedienig
télécommande

dr Teppich

tapis

dr Vorhang

rideau

dr Tisch

table

dr Stuehl

chaise

dr Schaukelstuehl

chaise à bascule

dr Sässel

fauteuil

s Buech

livre

d Decki

couverture

d Dekoration

décoration

s Füürholz

bois de chauffage

dr Film

film

d Stereoahlag

chaîne hi-fi

dr Schlüssel

clé

d Ziitig

journal

s Bild

peinture

s Poster

poster

s Radio

radio

dr Notizblock

bloc-notes

dr Staubsuuger

aspirateur

dr Kaktus

cactus

d Chärze

bougie

s Schniidbrätt

planche à découper

s Nudelholz

rouleau à pâtisserie

dr Korkäzieher

tire-bouchon

d Dosä

boîte

dr Dosäöffner

ouvre-boîte

dr Topflappä

maniques

s Wöschbecki

lavabo

d Bürste

brosse

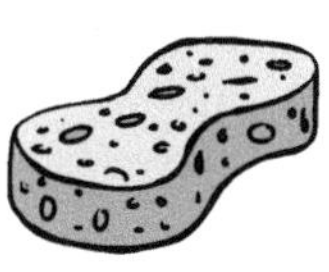

dr Schwumm

éponge

dr Mixer

mixeur

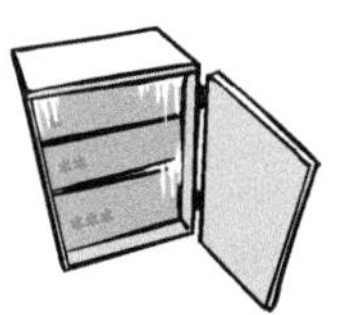

dr Gfrierschrank

congélateur

s Babyfläschli

biberon

dr Hahnä

robinet

s Badzimmer
salle de bain

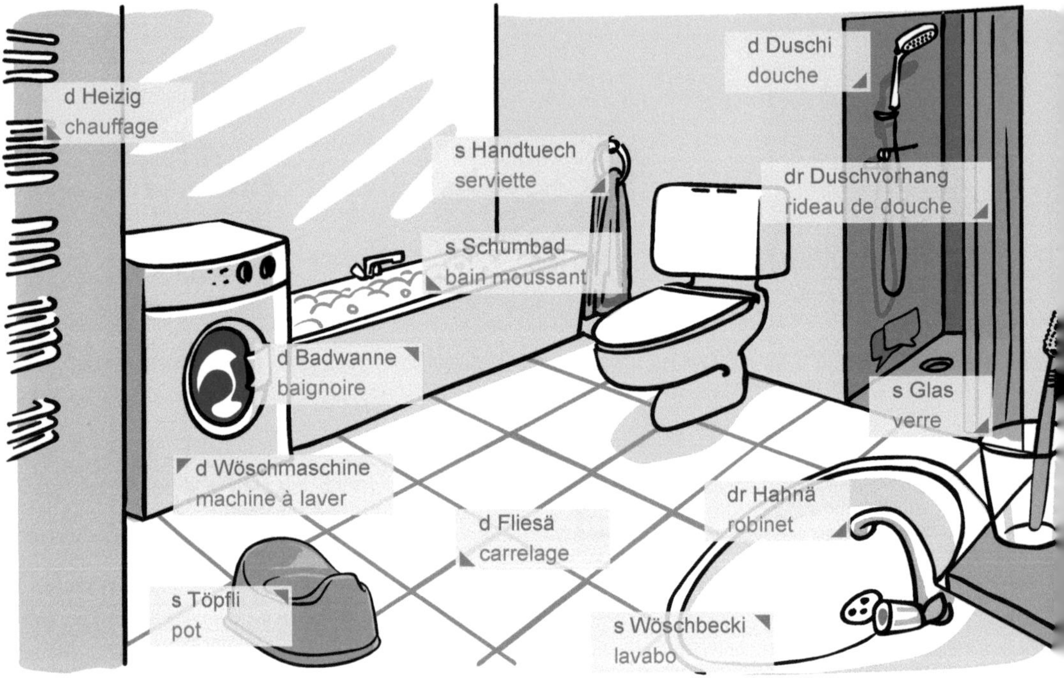

d Heizig
chauffage

s Handtuech
serviette

d Duschi
douche

dr Duschvorhang
rideau de douche

s Schumbad
bain moussant

d Badwanne
baignoire

s Glas
verre

d Wöschmaschine
machine à laver

dr Hahnä
robinet

d Fliesä
carrelage

s Töpfli
pot

s Wöschbecki
lavabo

d Toilette

toilettes

s Plumpsklo

toilette à la turque

s Bidet

bidet

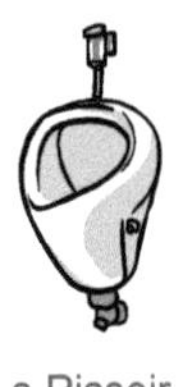

s Pissoir

urinoir

ds Toilettepapier

papier toilette

d Toilettebürschteli

brosse à toilette

d Zahbürstä

brosse à dents

d Zahpasta

dentifrice

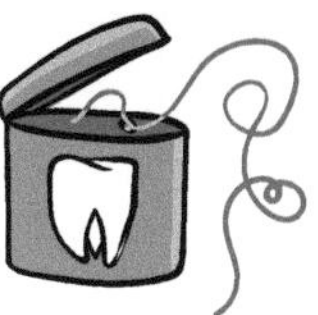

d Zahnsiide

fil dentaire

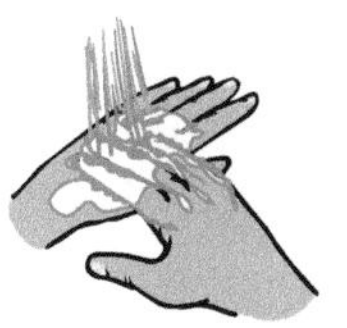

wäsche

laver

d Handduschi

douche manuelle

d Intiimduschi

douche intime

s Wöschbecki

vasque

d Ruggäbürste

brosse dorsale

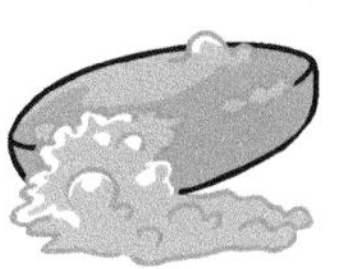

d Seifä

savon

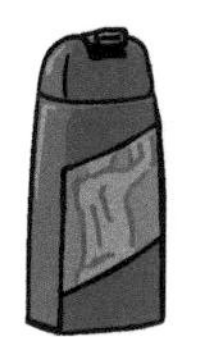

s Duschgel

gel douche

s Shampoo

shampooing

dr Waschlappä

gant de toilette

dr Abfluss

écoulement

d Creme

crème

s Deo

déodorant

dr Spiegel

miroir

dr Handspiegel

miroir cosmétique

dr Rasierer

rasoir

dr Rasierschuum

mousse à raser

s Aftershave

après-rasage

dr Schträäl

peigne

d Bürstä

brosse

dr Föhn

sèche-cheveux

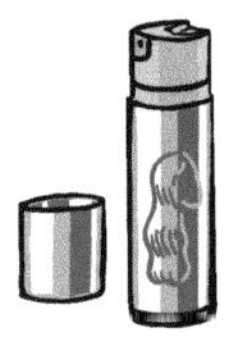

s Hoorspray

laque pour cheveux

s Makeup

fond de teint

dr Lippestift

rouge à lèvres

dr Nagellack

vernis à ongles

d Wattä

ouate

d Nagelscher

coupe-ongles

s Parfum

parfum

s Necessaire

trousse de toilette

dr Schemel

tabouret

d Waag

pèse-personne

dr Badmantel

peignoir

dr Gummihändscheh

gants de nettoyage

s Tampon

tampon

d Damebinde

serviettes hygiéniques

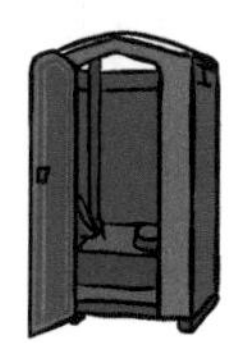

d chemischi Toilette

toilette chimique

s Chinderzimmer
chambre d'enfant

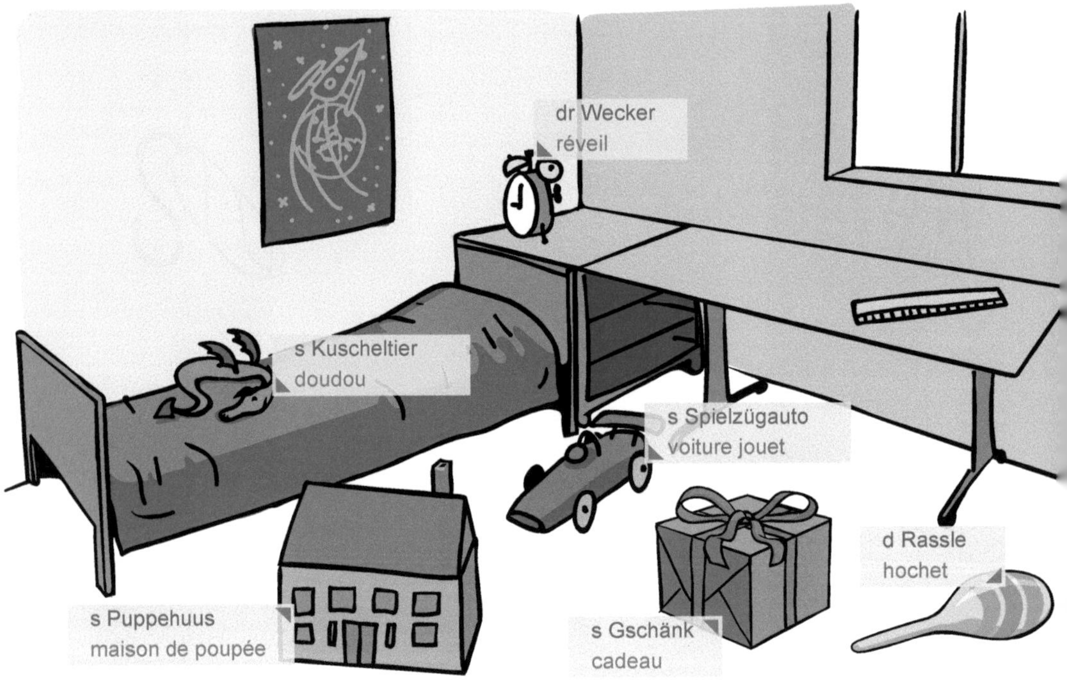
dr Wecker
réveil
s Kuscheltier
doudou
s Spielzügauto
voiture jouet
d Rassle
hochet
s Puppehuus
maison de poupée
s Gschänk
cadeau

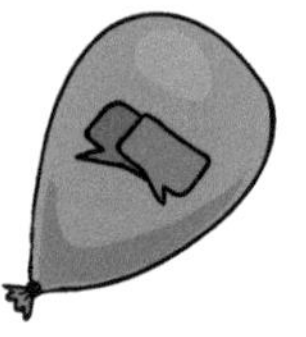

dr Ballon

ballon

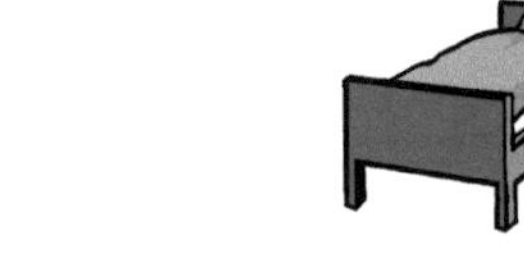

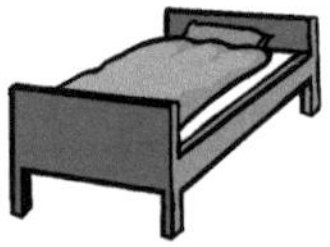

s Bett

lit

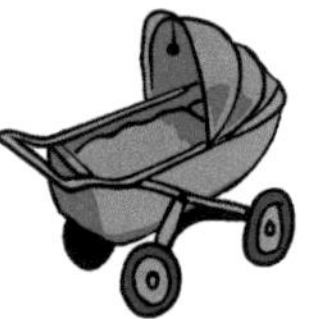

dr Chinderwage

poussette

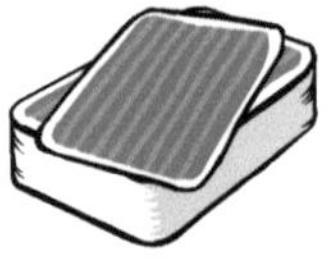

s Chartespiel

jeu de cartes

s Puzzle

puzzle

SUPER
MEGA

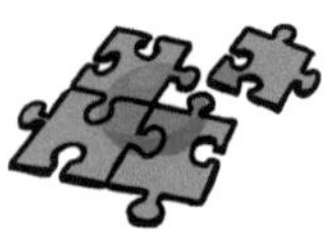

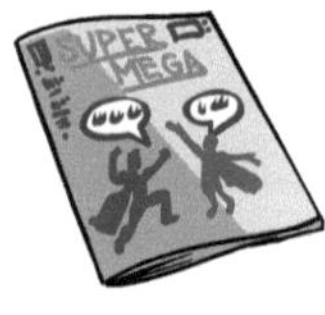

dr Comic

bande dessinée

d Legos

pièces lego

d Baustei

blocs de construction

d Action Figur

figurine

s Strampli

grenouillère

s Frisbee

frisbee

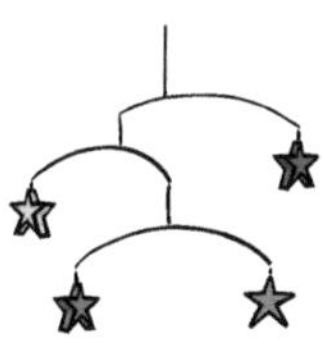

s Mobile

mobile

s Brättspiel

jeu de société

dr Würfäl

dé

d Modellisebahn

train miniature

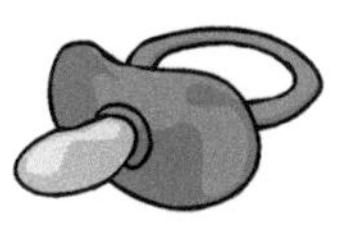

dr Nuggi

sucette

d Party

fête

s Bilderbuch

livre d'images

dr Ball

balle

d Puppä

poupée

spiele

jouer

dr Sandchaschte

bac à sable

d Gigampfi

balançoire

s Spielzüg

jouets

d Videospielkonsole

console de jeu

s Dreirad

tricycle

dr Teddy

ours en peluche

dr Chleiderschrank

armoire

d Chleidig
vêtements

d Sockä

chaussettes

d Strümpf

bas

d Strumpfhosä

collant

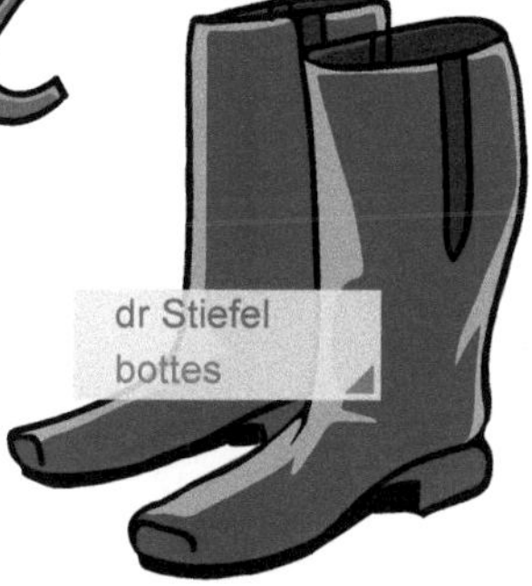

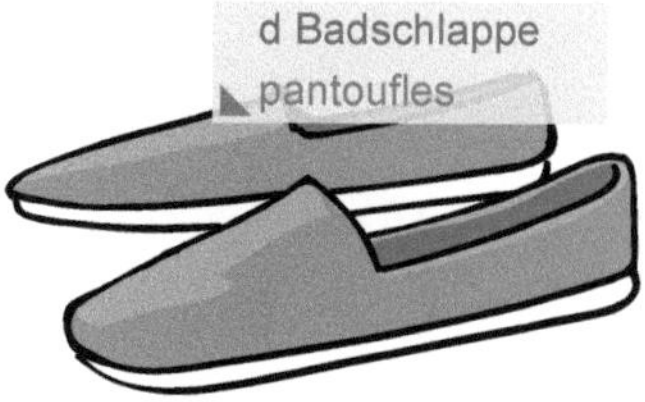

dr Schal
écharpe

dr Rägeschirm
parapluie

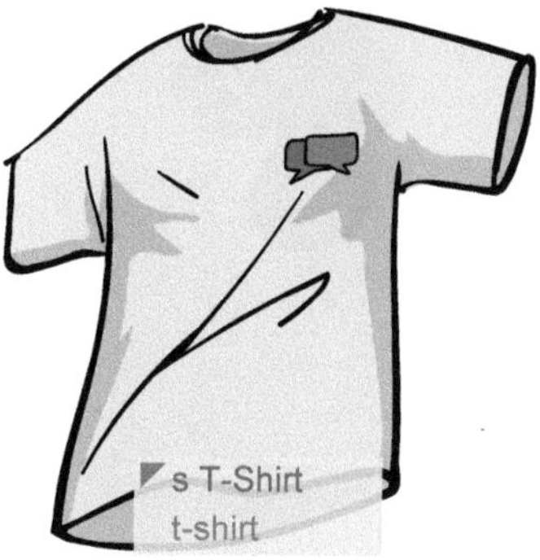

s T-Shirt
t-shirt

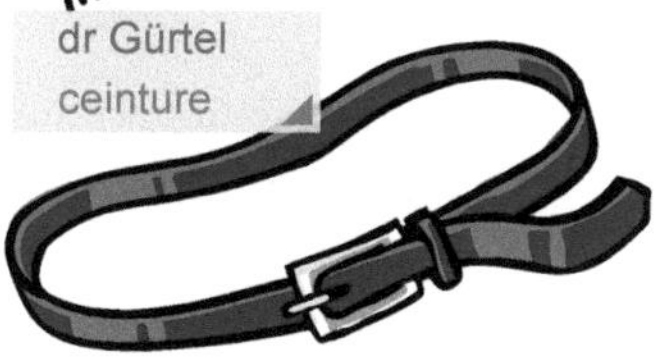

dr Gürtel
ceinture

dr Stiefel
bottes

d Badschlappe
pantoufles

d Turnschueh
baskets

d Sandalä
sandales

d Schueh
chaussures

d Gummistiefel
bottes de caoutchouc

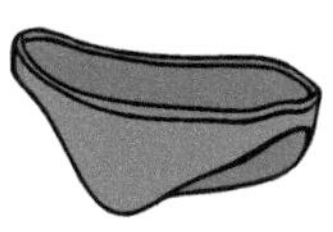

d Untrhosä
sous-vêtements

dr BH
soutien-gorge

s Underlibli
maillot de corps

dr Body

body

d Hosä

pantalon

d Jeans

jean

dr Rock

jupe

d Bluse

chemisier

s Hömli

chemise

dr Pulli

pull

dr Kapuzepulli

sweat à capuche

dr Blazer

veste

d Jacke

veste

dr Mantel

manteau

dr Rägämantel

imperméable

s Chostüm

costume

s Chleid

robe

s Hochziitskleid

robe de mariée

dr Ahzug

costume

s Nachthömli

chemise de nuit

s Pyjama

pyjama

dr Sari

sari

s Chopftuäch

foulard

dr Turban

turban

d Burka

burqa

dr Kaftan

caftan

d Abaya

abaya

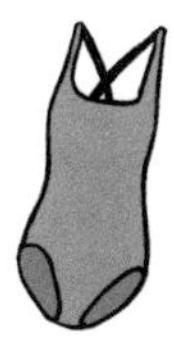

s Badchleid

maillot de bain

d Badhose

maillot de bain

d churzi Hosä

short

dr Trainer

tenue d'entraînement

d Schürze

tablier

d Händsche

gants

dr Chnopf

bouton

d Brüllä

lunettes

s Armband

bracelet

d Chetti

collier

dr Ring

bague

dr Ohrering

boucle d'oreille

d Chappe

bonnet

dr Chleiderbügel

cintre

dr Huet

chapeau

d Grawattä

cravate

dr Riissverschluss

fermeture éclair

dr Helm

casque

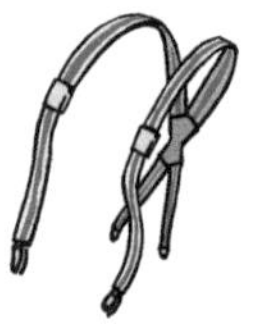

dr Hosäträger

bretelles

d Schueluniform

uniforme scolaire

d Uniform

uniforme

s Lätzli

bavoir

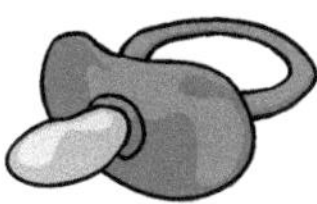

dr Nuggi

sucette

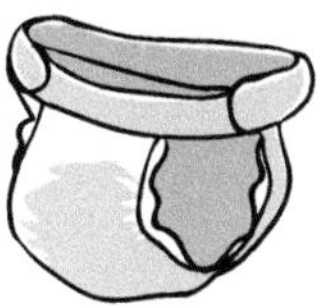

d Windle

lange

s Büro
bureau

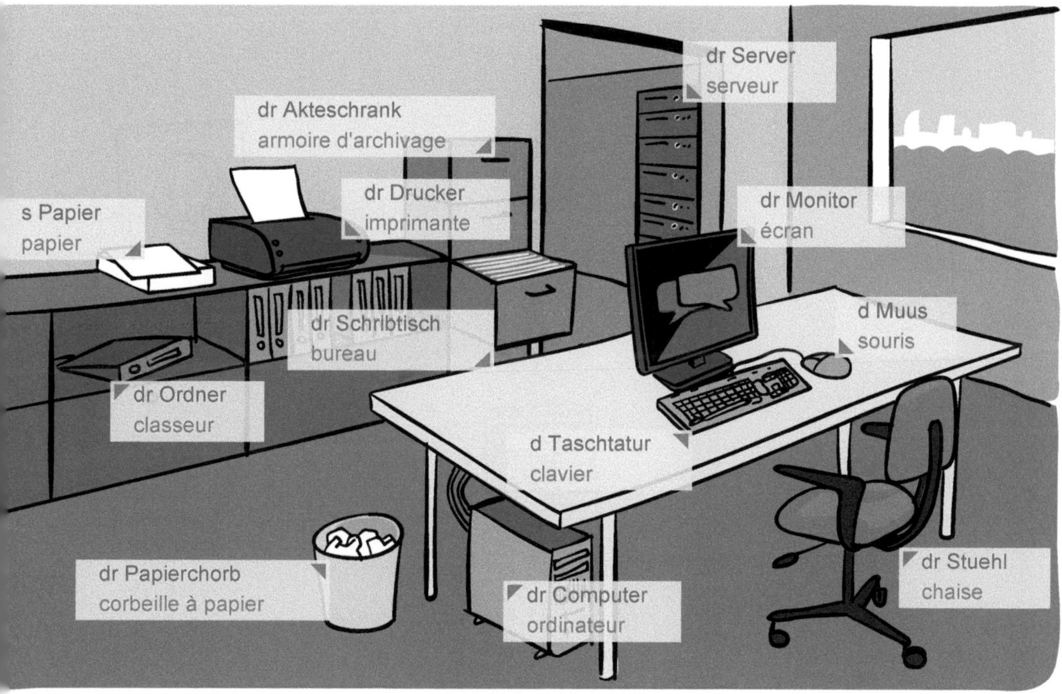

dr Server
serveur

dr Akteschrank
armoire d'archivage

dr Drucker
imprimante

s Papier
papier

dr Monitor
écran

d Muus
souris

dr Schribtisch
bureau

dr Ordner
classeur

d Taschtatur
clavier

dr Papierchorb
corbeille à papier

dr Stuehl
chaise

dr Computer
ordinateur

dr Kafibächer

tasse de café

dr Tascheràchner

calculatrice

s Internet

internet

dr Laptop

ordinateur portable

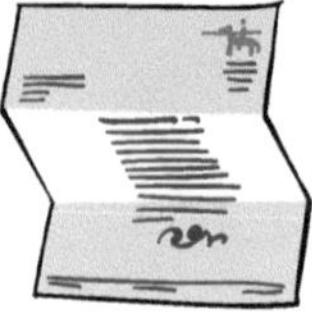

dr Brief

lettre

d Nochricht

message

s Mobiltelefon

portable

s Netzwärk

réseau

dr Kopierer

photocopieuse

d Software

logiciel

s Telefon

téléphone

d Steckdosä

prise

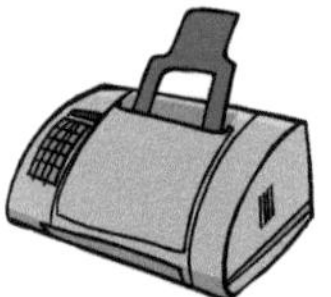

s Fax

fax

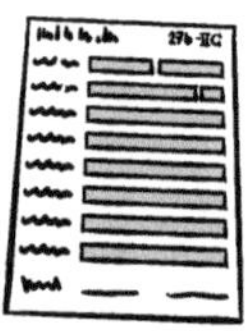

s Formular

formulaire

s Dokumänt

document

d Wirtschaft
économie

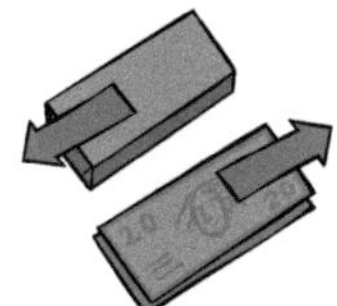

chaufe

acheter

zahle

payer

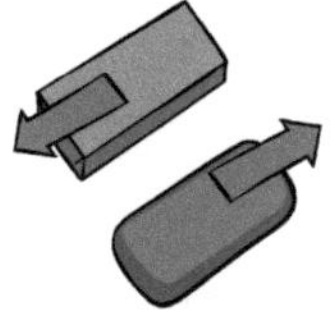

handle

faire du commerce

s Gäld

monnaie

dr Dollar

dollar

dr Euro

euro

dr Yen

yen

dr Rubel

rouble

dr Frankä

franc suisse

dr Renminbi Yuan

renminbi yuan

d Rupie

roupie

dr Gäldautomat

distributeur automatique

d Wächselstube

bureau de change

s Gold

or

s Silber

argent

s Öl

pétrole

d Energie

énergie

dr Preis

prix

dr Vertrag

contrat

d Stüür

taxe

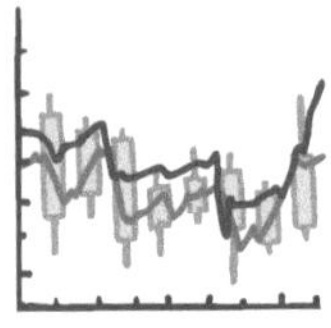

d Aktie

action

schaffe

travailler

dr Mitarbeiter

employé

dr Arbeitgeber

employeur

d Fabrik

usine

s Gschäft

magasin

d Brüef
professions

dr Polizischt
agent de police

dr Füürwehrmaa
pompier

dr Choch
cuisinier

dr Arzt
médecin

dr Pilot
pilote

dr Gärtner

jardinier

dr Zimmermah

menuisier

d Näheri

couturière

dr Richter

juge

dr Chemiker

chimiste

dr Darsteller

acteur

dr Busfahrer

....

conducteur de bus

dr Taxifahrer

....

chauffeur de taxi

dr Fischer

....

pêcheur

d Putzfrau

....

femme de ménage

dr Dachdecker

....

couvreur

dr Challner

....

serveur

dr Jäger

....

chasseur

dr Moler

....

peintre

dr Bäcker

....

boulanger

dr Elektriker

....

électricien

dr Bauarbeiter

....

ouvrier

dr Ingenieur

....

ingénieur

dr Schlachter

....

boucher

dr Klämpner

....

plombier

dr Pöschtler

....

facteur

dr Soldat

soldat

dr Architekt

architecte

dr Kassierer

caissier

dr Florischt

fleuriste

dr Frisör

coiffeur

dr Kontrolleur

contrôleur

dr Mechaniker

mécanicien

dr Kapitän

capitaine

dr Zahnarzt

dentiste

dr Wüsseschaftler

scientifique

dr Rabbi

rabbin

dr Imam

imam

dr Mönch

moine

dr Pfarrer

prêtre

d Werkzüüg
outils

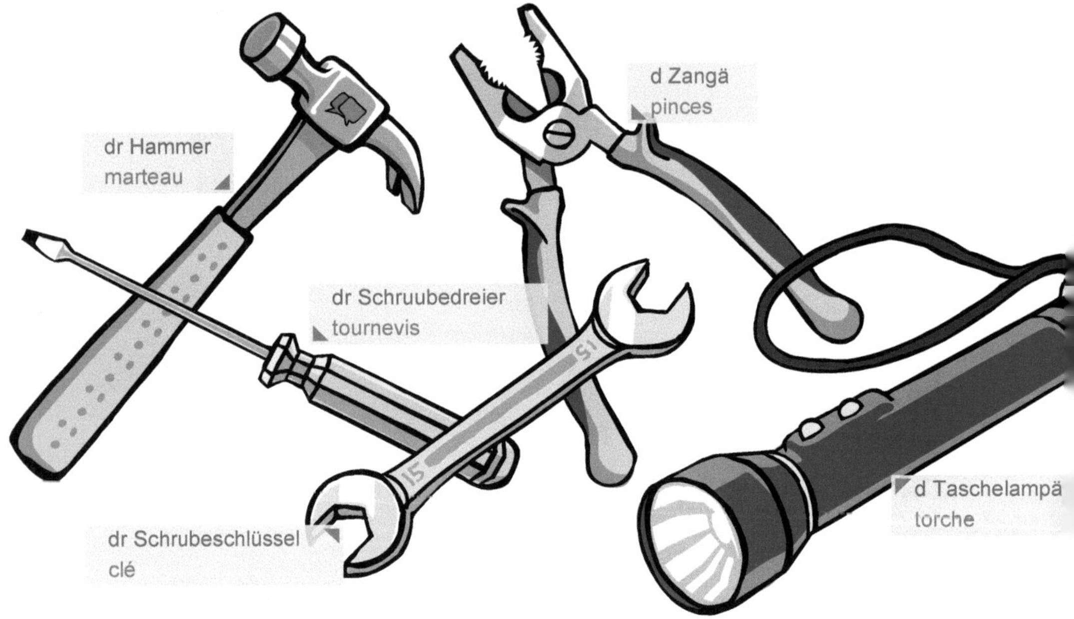

dr Hammer
marteau

d Zangä
pinces

dr Schruubedreier
tournevis

d Taschelampä
torche

dr Schrubeschlüssel
clé

dr Bagger

pelleteuse

dr Werkzüügchaschte

boîte à outils

d Leitere

échelle

d Sagi

scie

d Negel

clous

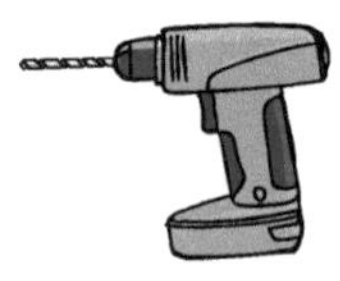

dr Bohrer

perceuse

flicke

réparer

d Schufle

pelle

Mischt!

Mince !

d Ascheschufle

pelle

dr Farbchübel

pot de peinture

d Schruube

vis

d Musiginstrumänt
instruments de musique

dr Luutsprächer
haut-parleurs

s Schlagzüüg
batterie

d Gitarre
guitare

dr Kontrabass
contrebasse

d Trompetä
trompette

s Klavier

piano

d Violine

violon

dr Bass

basse

d Pauke

timbales

d Trummle

tambour

s Keyboard

piano électrique

s Saxophon

saxophone

d Flöte

flûte

s Mikrofon

microphone

dr Zolli

zoo

dr Tiger
tigre

dr Chäfig
cage

s Zebra
zèbre

s Tierfueter
alimentation animale

dr Pandabär
panda

dr Iigang
entrée

d Tier

animaux

dr Elefant

éléphant

s Känguru

kangourou

s Nashorn

rhinocéros

dr Gorilla

gorille

dr Bär

ours

s Kamel

chameau

dr Struss

autruche

dr Leu

lion

dr Aff

singe

dr Flamingo

flamand rose

dr Papagei

perroquet

dr Iisbär

ours polaire

dr Pinguin

pingouin

dr Hai

requin

dr Pfau

paon

d Schlangä

serpent

s Krokodil

crocodile

dr Zoowärter

gardien de zoo

d Robbä

phoque

dr Jaguar

jaguar

s Pony

poney

dr Leopard

léopard

s Nilpfärd

hippopotame

d Giraff

girafe

dr Adler

aigle

s Wildschwein

sanglier

dr Fisch

poisson

d Schildkrot

tortue

s Walross

morse

dr Fuchs

renard

d Gazelle

gazelle

dr Sport
sports

d Aktivitäte
activités

lachä
rire

springä
sauter

umarme
embrasser

gah
marcher

singe
chanter

troime
rêver

bätte
prier

küssä
faire la bise

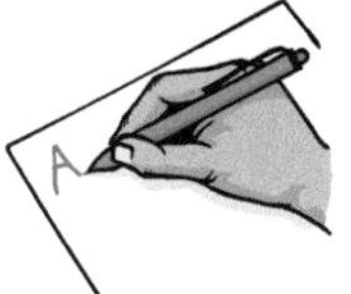

schribe

écrire

zeichne

dessiner

zeige

montrer

schiebe

pousser

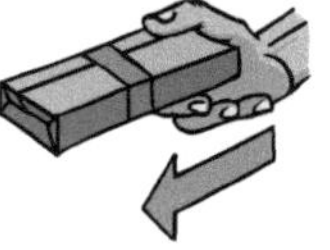

gäh

donner

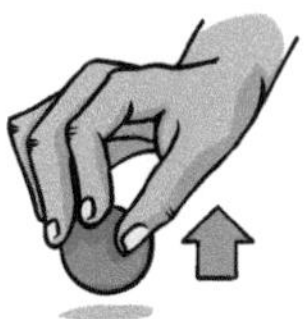

näh

prendre

händ

avoir

mache

faire

sy

être

stah

être debout

laufe

courir

zieh

trier

rüerä

jeter

fallä

tomber

ligge

être couché

warte

attendre

träge

porter

sitze

être assis

ahzieh

s'habiller

schlafe

dormir

ufwache

se réveiller

ahluege

regarder

brüele

pleurer

striichle

caresser

bürste

peigner

redä

parler

verschtah

comprendre

froog

demander

lose

écouter

trinke

boire

ässe

manger

ufruume

ranger

liebe

aimer

chochä

cuire

fahre

conduire

flüge

voler

segle

faire de la voile

rächne

calculer

läse

lire

leerä

apprendre

schaffe

travailler

hürate

se marier

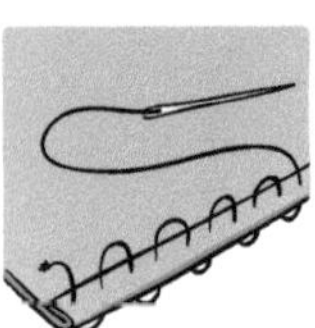

näije

coudre

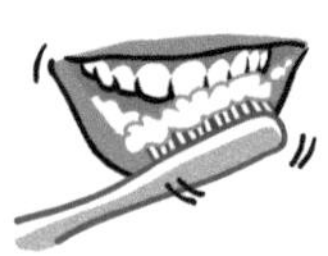

Zäh putze

brosser les dents

töte

tuer

schlootä

fumer

sände

envoyer

d Familiä

famille

Grossmuetter
and-mère

dr Grossvater
grand-père

dr Vatter
père

d Muetter
mère

s Baby
bébé

d Tochter
fille

dr Sohn
fils

dr Gast

hôte

d Tante

tante

dr Unkel

oncle

dr Brüeder

frère

d Schwöschter

sœur

dr Körpär

corps

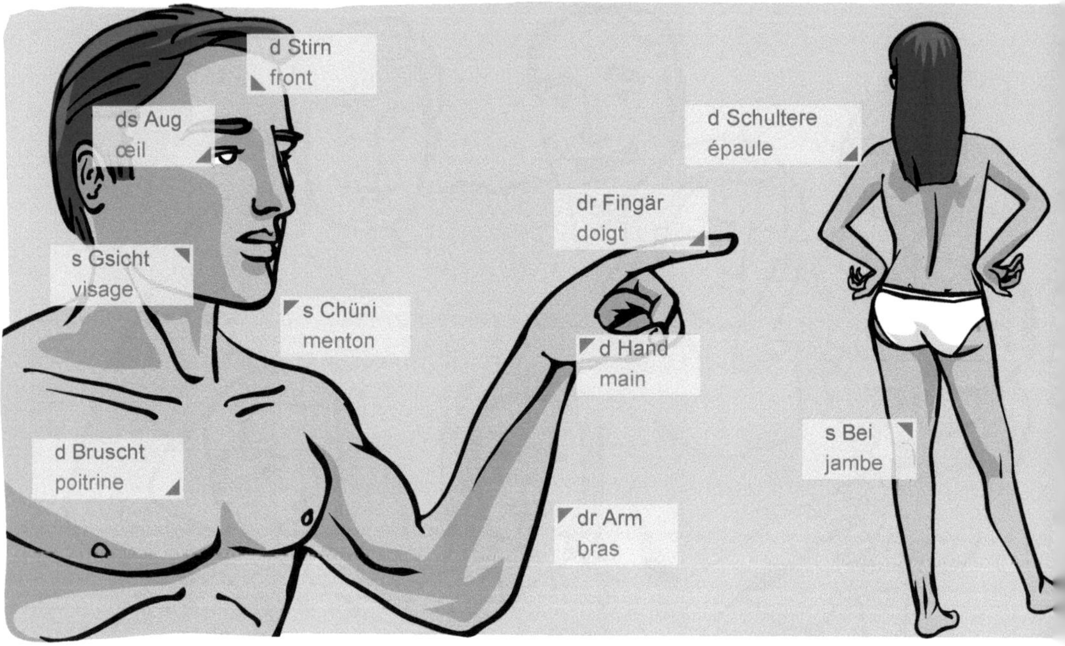

d Stirn
front

ds Aug
œil

d Schultere
épaule

dr Fingär
doigt

s Gsicht
visage

s Chüni
menton

d Hand
main

s Bei
jambe

d Bruscht
poitrine

dr Arm
bras

s Baby

bébé

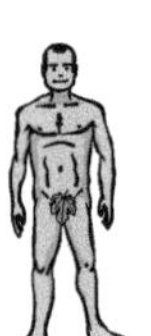

dr Mah

homme

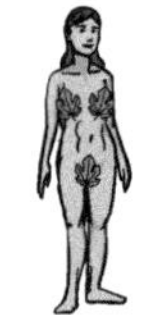

d Frau

femme

s Meitli

fille

dr Bueb

garçon

dr Chopf

tête

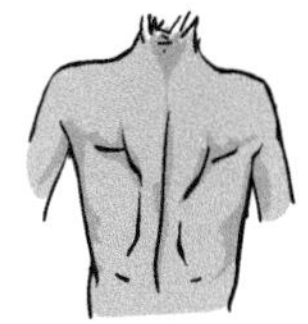

dr Ruggä

dos

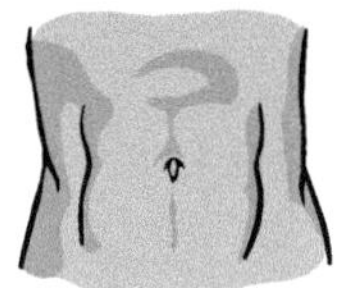

dr Buuch

ventre

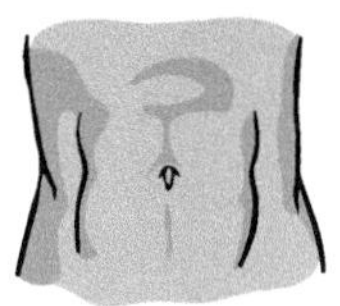

dr Buchnabel

nombril

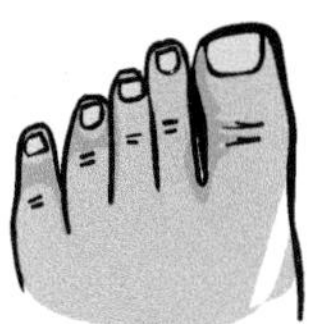

dr Zäche

orteil

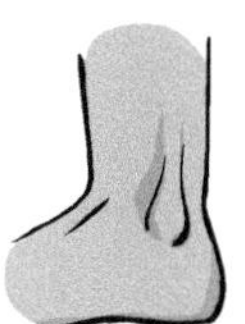

d Fersä

talon

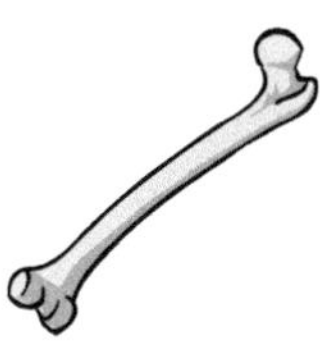

d Knoche

os

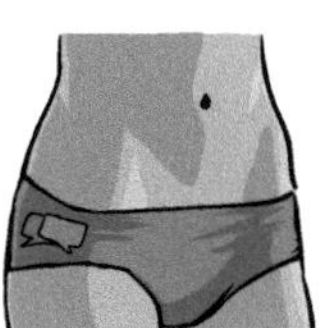

d Hüfte

hanche

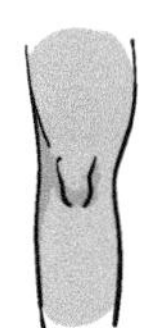

s Chnü

genou

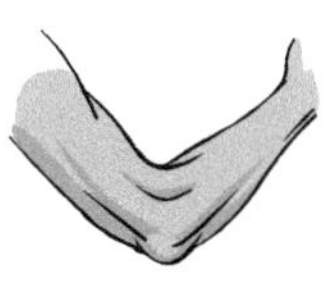

dr Ellbogä

coude

d Nase

nez

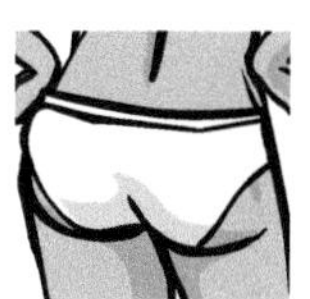

s Füdli

fesses

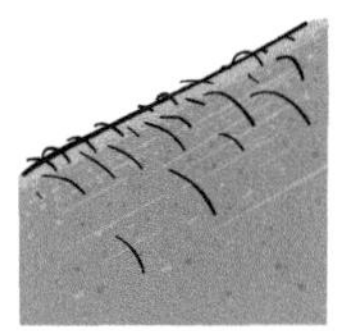

d Hut

peau

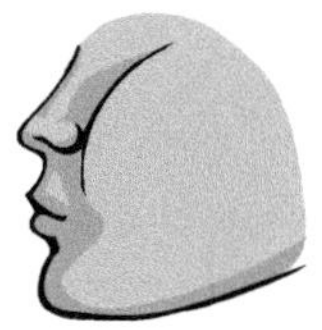

d Bagge

joue

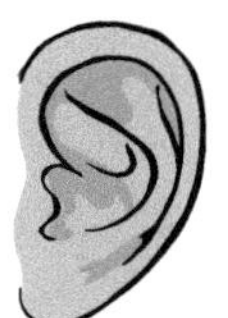

s Ohr

oreille

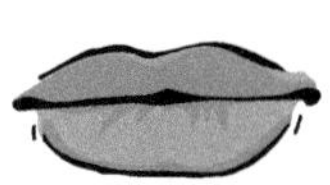

d Lippe

lèvre

s Muul

bouche

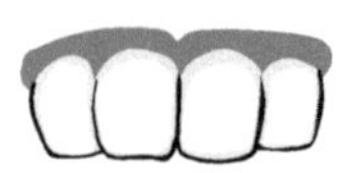

dr Zah

dent

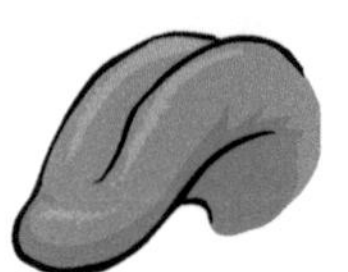

d Zungä

langue

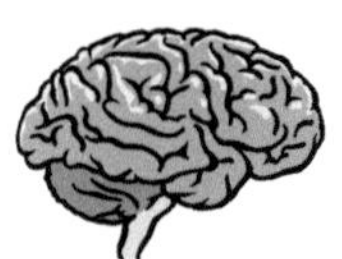

s Hirni

cerveau

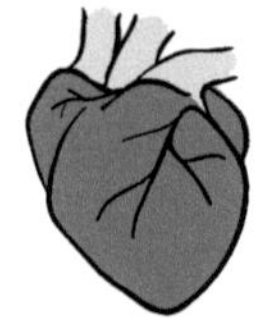

s Härz

cœur

dr Muskel

muscle

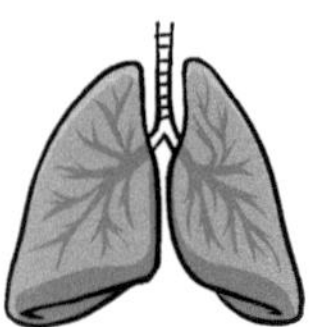

d Lungä

poumons

d Läberä

foie

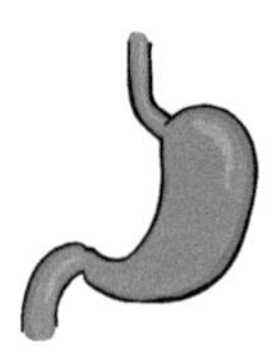

dr Magen

estomac

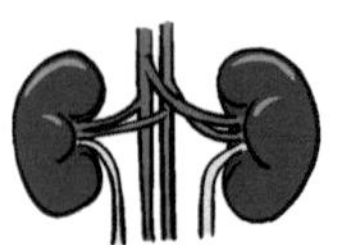

d Nierä

reins

dr Gschlächtsvrkehr

rapport sexuel

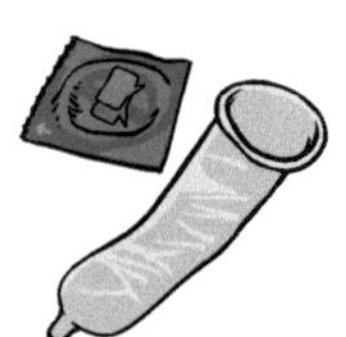

s Kondom

préservatif

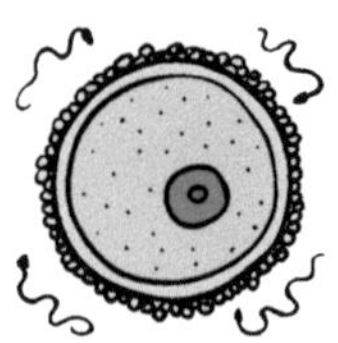

d Eizälle

ovule

dr Soome

sperme

d Schwangerschaft

grossesse

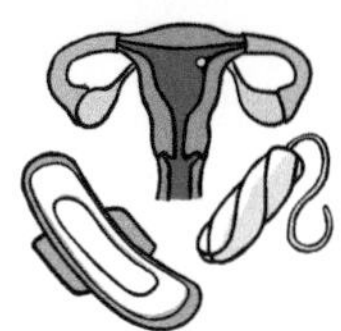

d Menstruation

menstruation

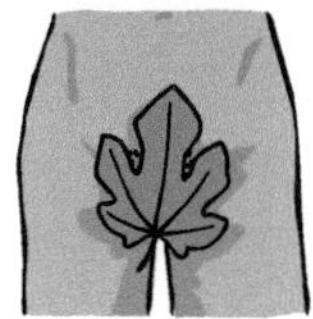

d Vagina

vagin

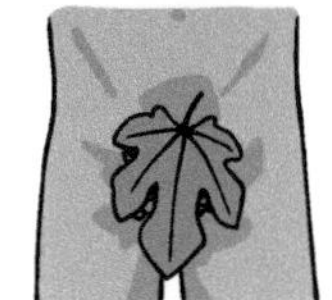

dr Penis

pénis

d Augebrauä

sourcil

s Haar

cheveux

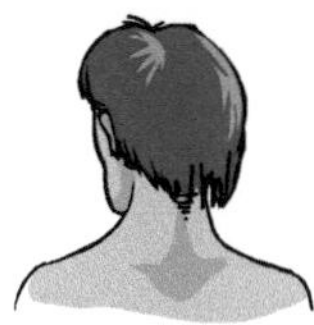

dr Hals

cou

s Spital
hôpital

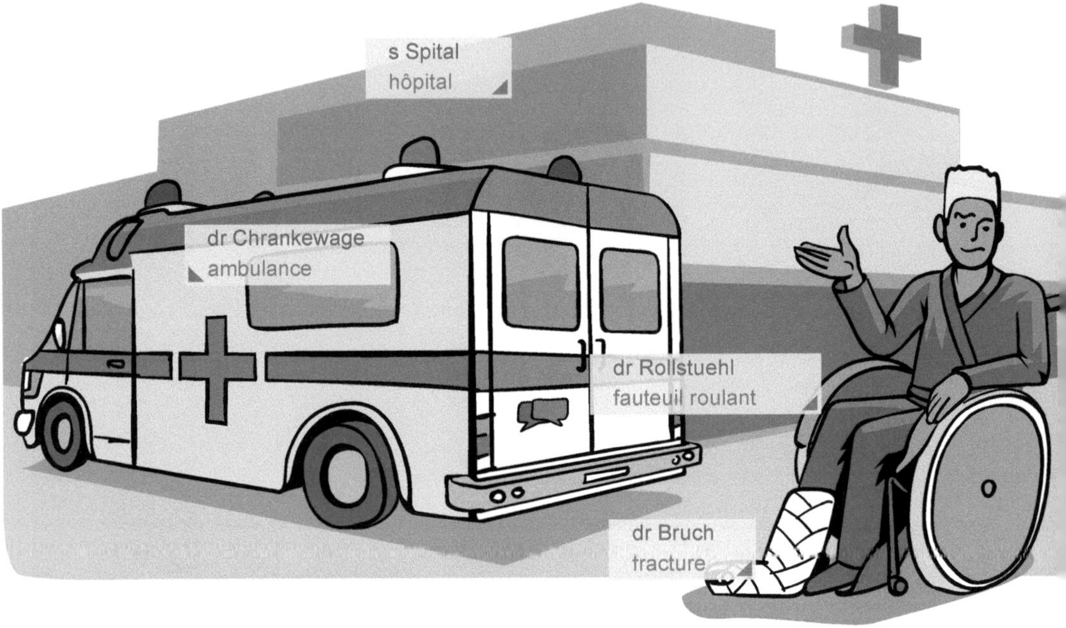

s Spital
hôpital

dr Chrankewage
ambulance

dr Rollstuehl
fauteuil roulant

dr Bruch
tracture

dr Arzt

médecin

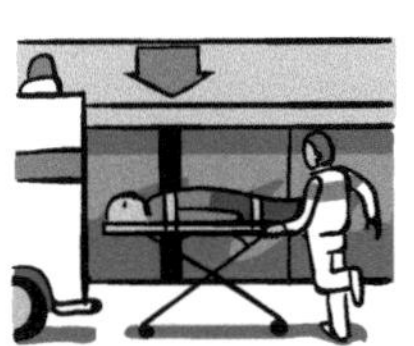

d Notufnahm

service des urgences

d Chrankeschwöschter

infirmière

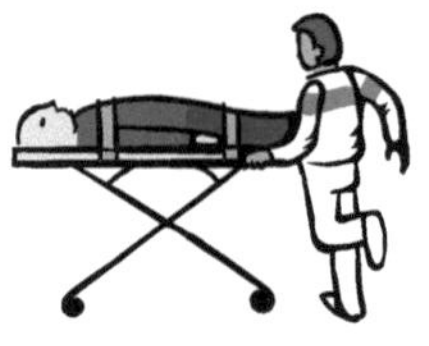

dr Notfall

urgence

ohnmächtig

inconscient

dr Schmärz

douleur

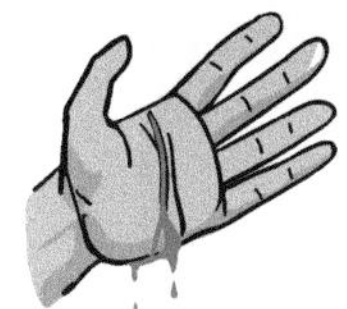

d Verletzig

blessure

d Bluätig

hémorragie

dr Härzinfarkt

crise cardiaque

dr Schlagahfall

attaque cérébrale

d Allergie

allergie

dr Hueschtä

toux

s Fieber

fièvre

d Grippe

grippe

dr Durchfall

diarrhée

d Kopfschmärze

mal de tête

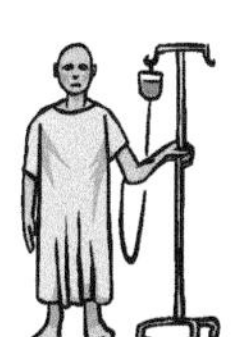

dr Kräbs

cancer

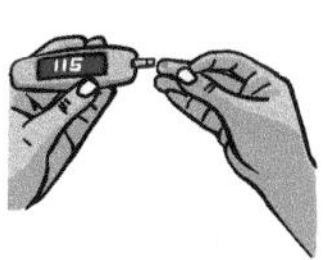

dr Diabetes

diabète

dr Chirurg

chirurgien

s Skalpell

scalpel

d Operation

opération

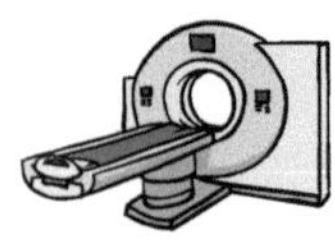

s CT

CT

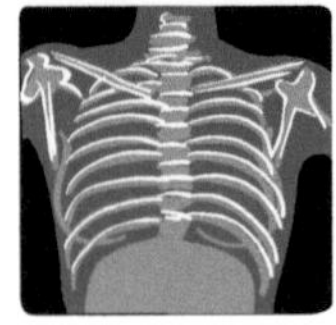

s Röntgä

radiographie

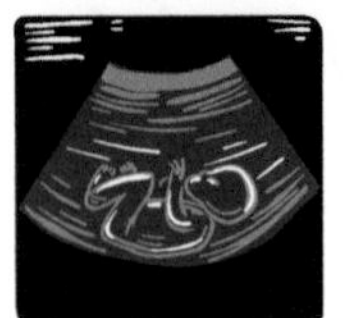

s Ultraschall

échographie

d Gsichtsmaske

masque

d Krankhet

maladie

s Wartezimmer

salle d'attente

d Krückä

béquille

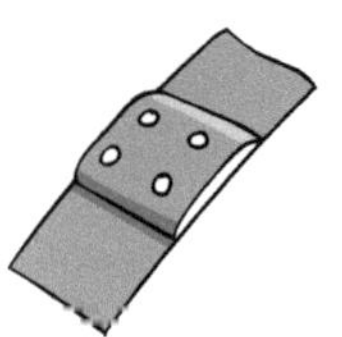

s Pflaster

pansement

dr Vrband

pansement

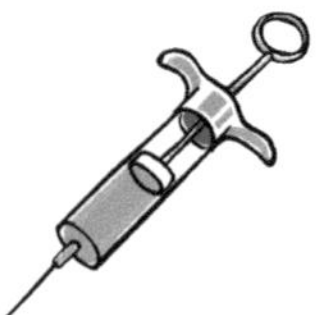

d Injektion

injection

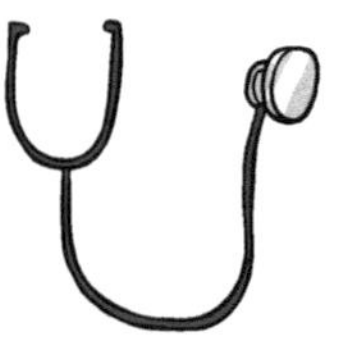

s Stethoskop

stéthoscope

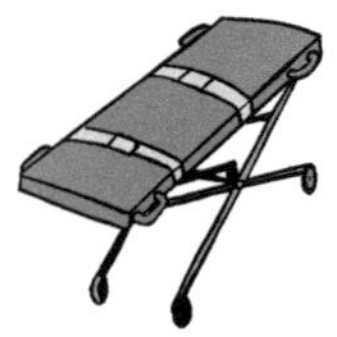

d Trage

brancard

s Thermometer

thermomètre

d Geburt

accouchement

s Übergwicht

surcharge pondérale

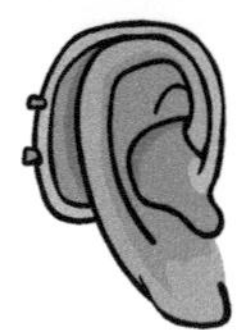

s Hörgrät

appareil auditif

s Desinfektionsmittel

désinfectant

d Infektion

infection

s Virus

virus

s HIV / AIDS

VIH / sida

d Medizin

médicament

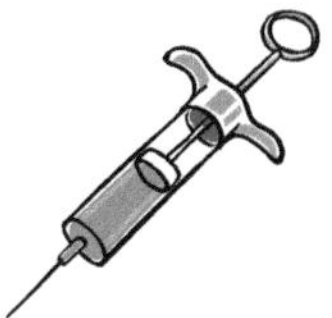

d Impfig

vaccination

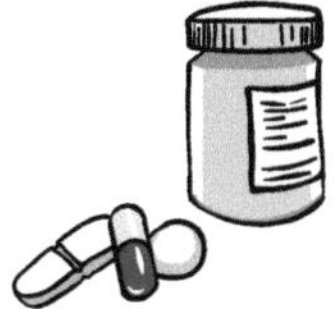

d Tablette

comprimés

d Pille

pilule

dr Notruef

appel d'urgence

s Bluetdruck-Mässgrät

tensiomètre

chrank / gsund

malade / sain

dr Notfall
urgence

Hiufe!

Au secours !

dr Alarm

alarme

dr Überfall

assaut

dr Ahgriff

attaque

d Gfohr

danger

dr Notuusgang

sortie de secours

Füür!

Au feu!

dr Füürlöscher

extincteur

dr Unfall

accident

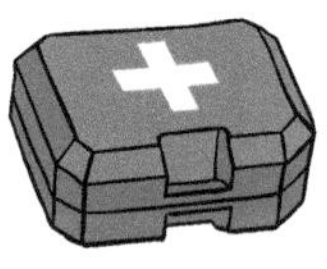

dr Ersti-Hilf-Koffer

trousse de premier secours

SOS

SOS

d Polizei

police

d Ärde
terre

s Europa

Europe

s Nordamerika

Amérique du Nord

s Südamerika

Amérique du Sud

s Afrika

Afrique

s Asie

Asie

s Auschtralie

Australie

dr Atlantik

Océan atlantique

dr Pazifik

Océan pacifique

dr Indische Ozean

Océan indien

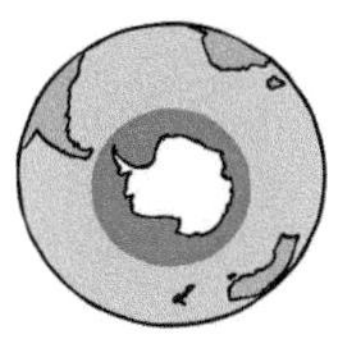

dr Antarktische Ozean

Océan antarctique

dr Arktische Ozean

Océan arctique

dr Nordpol

pôle nord

dr Südpol

pôle sud

d Antarktis

Antarctique

d Ärde

terre

s Land

pays

s Meer

mer

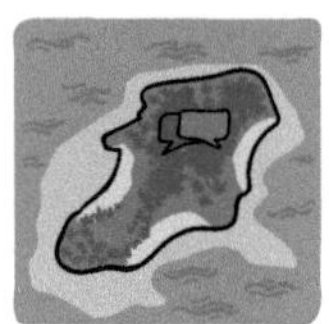

d Inslä

île

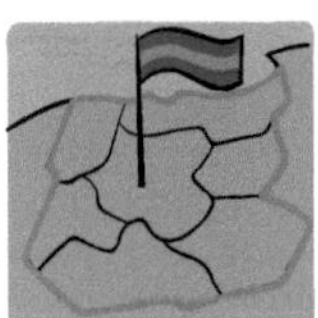

d Nation

nation

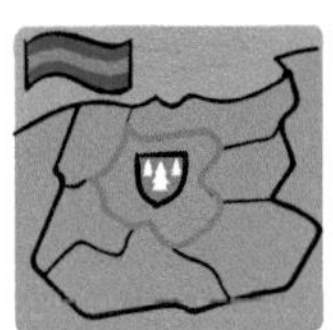

dr Staat

état

d Uhr
...heure(s)

s Ziffereblatt

cadran

dr Stundezeiger

aiguille des heures

dr Minutezeiger

aiguille des minutes

dr Sekundezeiger

aiguille des secondes

Wie spaht isch es?

Quelle heure est-il ?

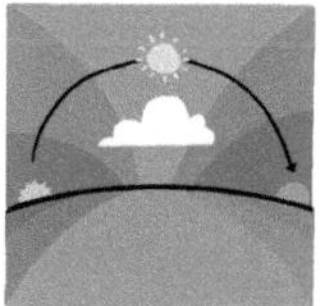

dr Tag

jour

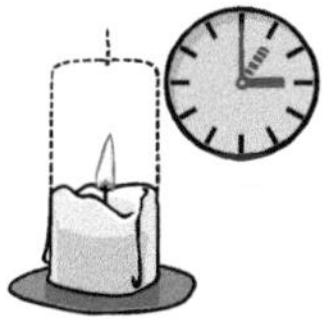

d Zit

temps

jetzt

maintenant

d Digitaluhr

montre digitale

d Minute

minute

d Stunde

heure

d Wuche
semaine

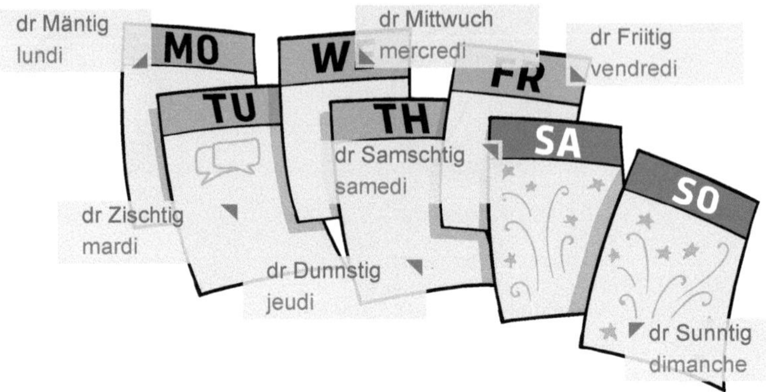

geschter
hier

hüt
aujourd'hui

morn
demain

dr Morgä
matin

dr Mittag
midi

dr Aabig
soir

MO	TU	WE	TH	FR	SA	SU
1	2	3	4	5	6	7
8	9	10	11	12	13	14
15	16	17	18	19	20	21
22	23	24	25	26	27	28
29	30	31	1	2	3	4

d Wärktag
jours ouvrables

MO	TU	WE	TH	FR	SA	SU
1	2	3	4	5	6	7
8	9	10	11	12	13	14
15	16	17	18	19	20	21
22	23	24	25	26	27	28
29	30	31	1	2	3	4

s Wuchenänd
week-end

s Johr
année

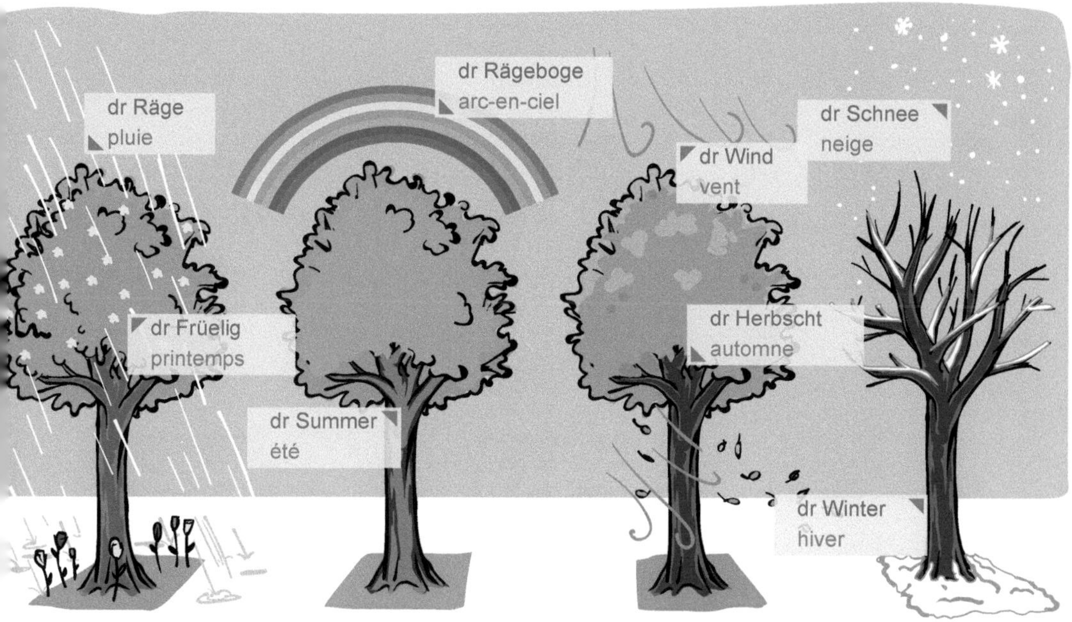

dr Rägeboge
arc-en-ciel
dr Räge
pluie
dr Schnee
neige
dr Wind
vent
dr Früelig
printemps
dr Herbscht
automne
dr Summer
été
dr Winter
hiver

4.APRIL 11°
5.APRIL 4°
6.APRIL 13°
7.APRIL 8°
8.APRIL 10°

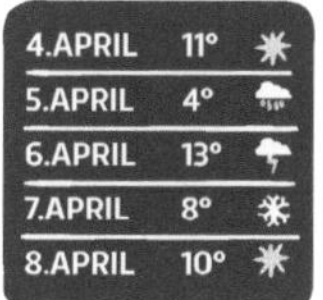

d Wättervorhärsag

météo

F C
120 40
90 30
60 20
30 10
0 0
-30 -10
-20

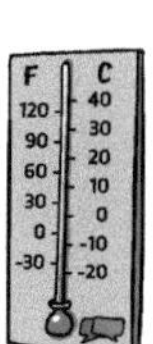

s Thermometer

thermomètre

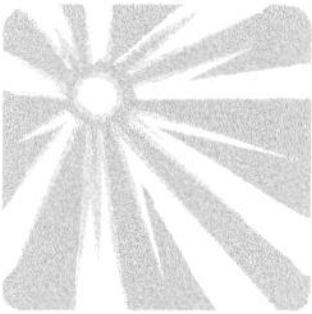

dr Sunneschiin

lumière du soleil

d Wolkä

nuage

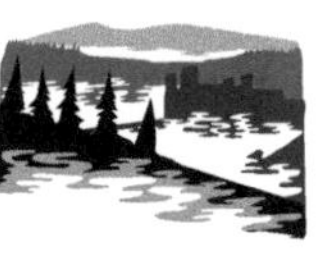

d Näbel

brouillard

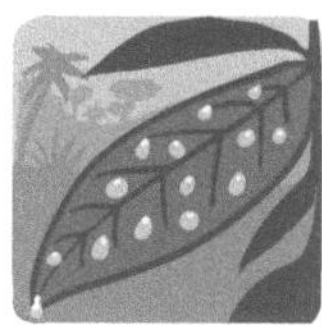

d Fiechtigkeit

humidité

dr Blitz

foudre

dr Dunner

tonnerre

dr Sturm

tempête

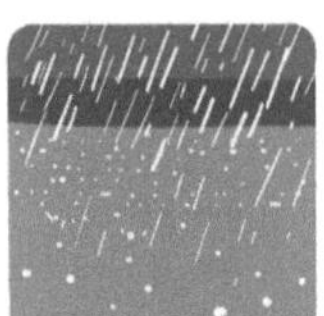

d Hagel

grêle

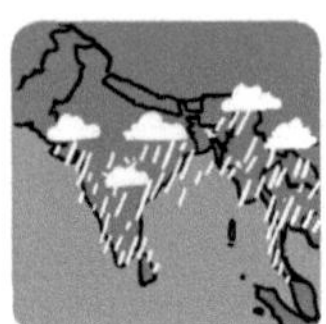

dr Monsun

mousson

d Fluet

inondation

s Iis

glace

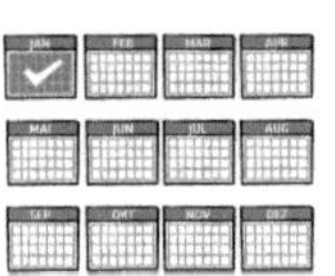

dr Januar

janvier

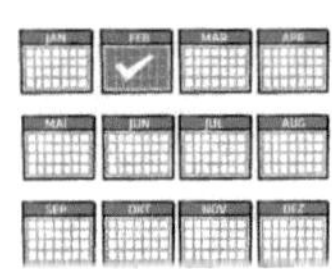

dr Februar

février

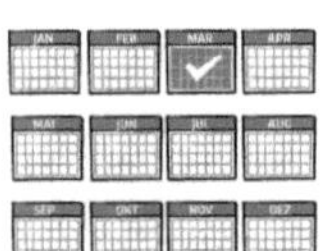

dr März

mars

dr April

avril

dr Mai

mai

dr Juni

juin

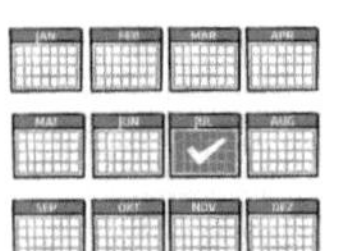

dr Juli

juillet

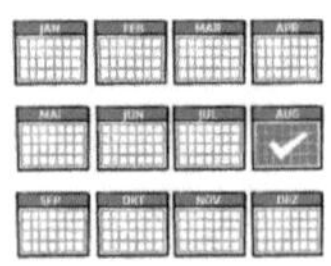

dr Auguscht

août

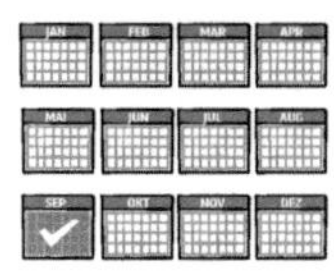

dr Septämber

septembre

dr Oktober

octobre

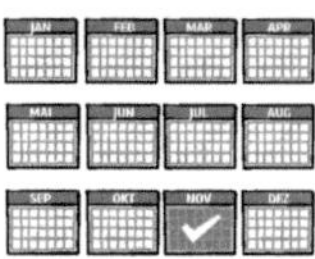

dr Novämber

novembre

dr Dezämber

décembre

d Forme
formes

dr Kreis

cercle

s Quadrat

carré

s Rächteck

rectangle

s Dreieck

triangle

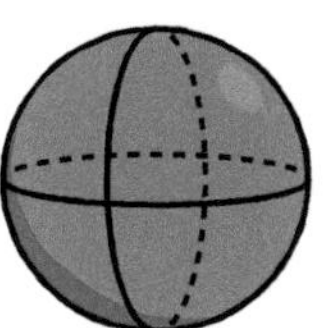

d Chugele

sphère

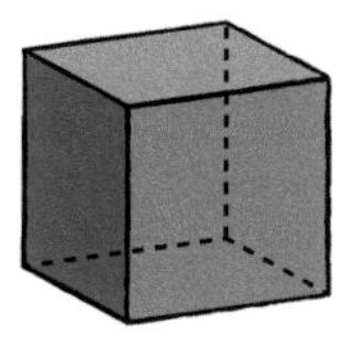

dr Würfel

cube

d Farbä

couleurs

wiss

blanc

gäl

jaune

orange

orange

pink

rose

rot

rouge

liila

violet

blau

bleu

grüen

vert

bruun

marron

grau

gris

schwarz

noir

d Gägeteil

oppositions

viel / wenig

beaucoup / peu

hässig / ruhig

fâché / calme

hübsch / hässlich

joli / laid

dr Ahfang / s Ändi

début / fin

gross / chli

grand / petit

hell / dunkel

clair / obscure

r Brüeder / d Schwöschter

frère / soeur

suuber / dräckig

propre / sale

vollständig / unvollständig

complet / incomplet

dr Tag / d Nacht

jour / nuit

tot / läbig

mort / vivant

breit / schmal

large / étroit

ässbar / nid ässbar

comestible / incomestible

bös / fründlich

méchant / gentil

uffreggt / glangwilt

excité / ennuyé

dick / dünn

gros / mince

zerscht / zletscht

premier / dernier

dr Fründ / dr Find

ami / ennemi

voll / läär

plein / vide

hart / weich

dur / souple

schwer / liecht

lourd / léger

dr Hunger / dr Durscht

faim / soif

chrank / gsund

malade / sain

illegal / legal

illégal / légal

intelligänt / gatz

intelligent / stupide

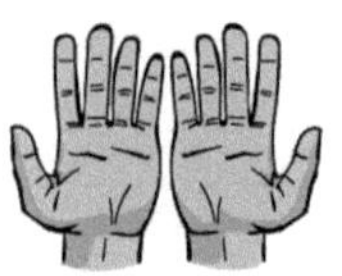

links / rächts

gauche / droite

nöch / wiit weg

proche / loin

neu / bruucht

nouveau / usé

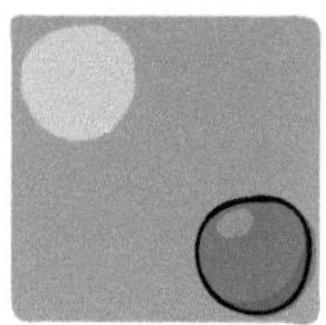

nüt / öpis

rien / quelque chose

alt / jung

vieux / jeune

ah / uss

marche / arrêt

offe / zue

ouvert / fermé

lislig / luut

faible / fort

riich / arm

riche / pauvre

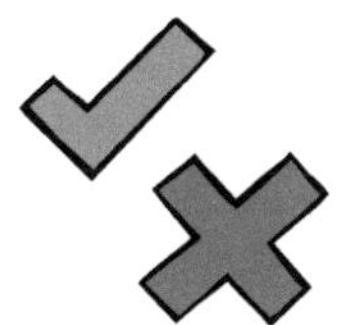

richtig / falsch

correct / incorrect

rau / glatt

rugueux / lisse

truurig / glücklich

triste / heureux

churz / lang

court / long

langsam / schnäll

lent / rapide

nass / trochä

mouillé / sec

warm / chalt

chaud / froid

dr Chrieg / dr Friede

guerre / paix

d Zahlä

nombres

0	1	2
Null	eis	zwei
zéro	un / une	deux
3	4	5
drü	vier	foif
trois	quatre	cinq
6	7	8
sächs	sibe	acht
six	sept	huit
9	10	11
nün	zäh	elf
neuf	dix	onze

12

zwölf

douze

13

drizäh

treize

14

vierzäh

quatorze

15

füfzäh

quinze

16

sächzäh

seize

17

siebzäh

dix-sept

18

achtzäh

dix-huit

19

nünzäh

dix-neuf

20

zwänzg

vingt

100

Hundert

cent

1.000

Tuusig

mille

1.000.000

Million

million

d Sprache
langues

Änglisch

anglais

Amerikanischs Änglisch

anglais américain

Chinesisch Mandarin

chinois mandarin

Hindi

hindi

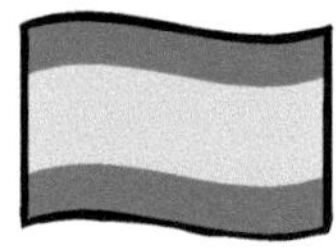

Spanisch

espagnol

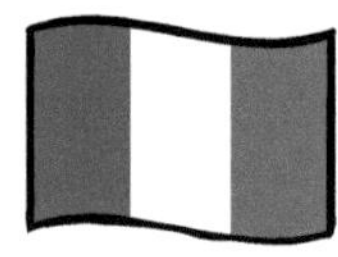

Französisch

français

Arabisch

arabe

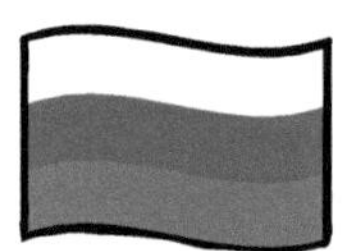

Russisch

russe

Portugiesisch

portugais

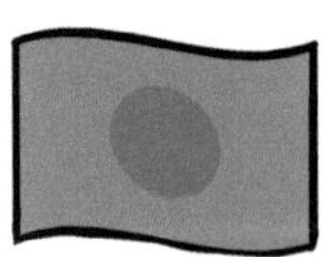

Bengalisch

bengali

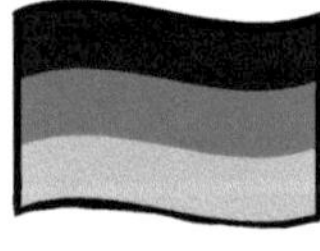

Dütsch

allemand

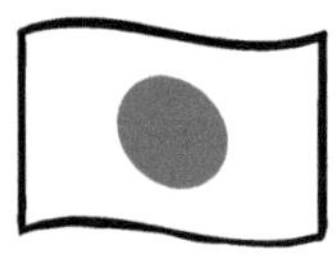

Japanisch

japonais

wär / was / wie

qui / quoi / comment

ich

je

du

tu

är / sie / es

il / elle / ce, c', cela

mir

nous

ihr

vous

sie

ils / elles

wär?

Qui ?

was?

Quoi ?

wie?

Comment ?

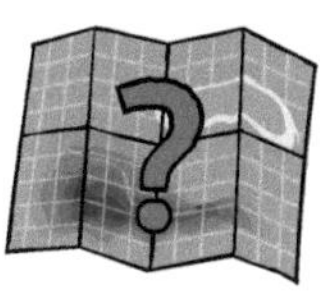

wo?

Où ?

wänn?

Quand ?

Name

nom

wo

où

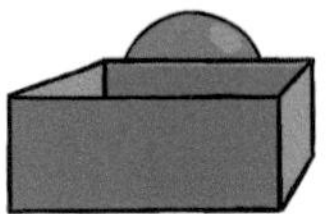

hinder

derrière

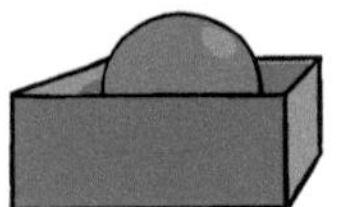

in

dans

vor

devant

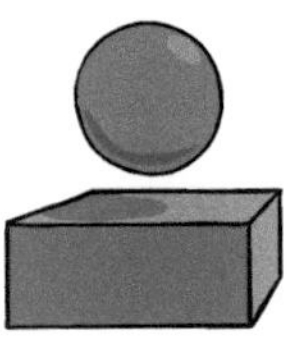

über

au-dessus

uf

sur

under

en-dessous

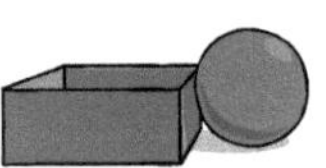

näbe

à côté de

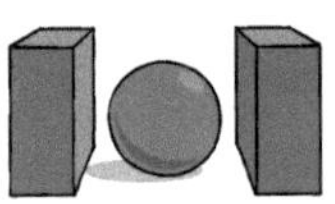

zwüsche

entre

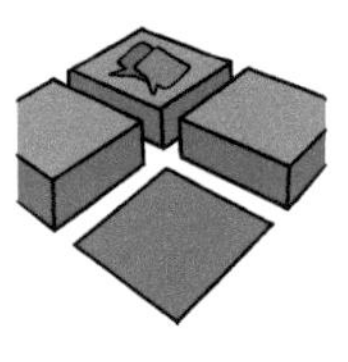

dr Ort

lieu